BKC 강해 주석 11
잠언

The Bible Knowledge Commentary

Copyright © 1985 by SP Publications, Inc.
David C. Cook, 4050 Lee Vance View, Colorado Springs, Colorado 80918
All rights reserved.

Korean edition copyright ©1988, 2011 by Duranno Press
95 Seobinggo-dong, Yongsan-gu, Seoul, Korea

This Korean edition is published by arrangement with David C. Cook

본 저작물의 한국어판 저작권은 David C. Cook과 독점 계약한 두란노서원이 소유합니다.
신 저작권법에 의거하여 한국 내에서 보호를 받는 저작물이므로 무단 전재와 무단 복제를 금합니다.

BKC 강해주석 11

잠언

지은이 | 시드 부젤   옮긴이 | 김태훈
개정2판 1쇄 발행 | 2011. 9. 26.
개정2판 2쇄 발행 | 2017. 7. 17.
등록번호 | 제1988-000080호
등록된 곳 | 서울특별시 용산구 서빙고로 65길 38
발행처 | 사단법인 두란노서원
영업부 | 2078-3352   FAX 080-749-3705
출판부 | 2078-3332

▎책 값은 뒤표지에 있습니다.
 ISBN 978-89-531-1651-1 04230
 (set) 978-89-531-2540-7 04230

▎독자의 의견을 기다립니다.
tpress@duranno.com http://www.Duranno.com

▎이 책의 성경 본문은 개역개정판을 사용했습니다.

두란노서원은 바울 사도가 3차 전도여행 때 에베소에서 성령 받은 제자들을 따로 세워 하나님의 말씀으로 양육하던 장소입니다. 사도행전 19장 8-20절의 정신에 따라 첫째, 목회자를 돕는 사역과 평신도를 훈련시키는 사역, 둘째, 세계선교(TIM)와 문서선교(단행본·잡지) 사역, 셋째, 예수문화 및 경배와 찬양 사역, 그리고 가정·상담 사역 등을 감당하고 있습니다. 1980년 12월 22일에 창립된 두란노서원은 주님 오실 때까지 이 사역들을 계속할 것입니다.

BKC 강해 주석 11

잠언

시드 부젤 지음 | 김태훈 옮김

두란노

CONTENTS

잠언

서론 ·· 8
개요 ·· 20
주해 ·· 24

I. 서문(1:1~7)

A. 저자와 문학 양식(1:1) ·· 24
B. 책의 목적(1:2~6) ·· 25
C. 책의 주제(1:7) ·· 27

II. 지혜의 가치에 관한 솔로몬의 잠언(1:8~9:18)

A. 지혜의 가치: 영광을 얻게 함(1:8~9) ················ 29
B. 지혜의 가치: 재앙을 면하게 함(1:10~33) ·········· 30
C. 지혜의 도덕적인 가치(2장) ································ 33
D. 지혜의 축복(3:1~12) ·· 37
E. 지혜의 지고한 가치(3:13~20) ···························· 41
F. 지혜의 가치: 관계를 바르게 세워 줌(3:21~35) ···· 42
G. 지혜를 얻으라는 권고(4:1~9) ···························· 44
H. 지혜의 가치: 환난을 면케 함(4:10~19) ············ 46
I. 지혜의 가치: 건강하게 해 줌(4:20~27) ············ 47
J. 지혜의 가치: 간음을 피하게 해 줌(5장) ············ 48
K. 지혜의 가치: 가난을 피하게 해 줌(6:1~11) ······ 51
L. 지혜의 가치: 불화를 피하게 해 줌(6:12~19) ···· 54
M. 지혜의 가치: 성적인 부도덕을 피하게 해 줌(6:20~7:27) 57
N. 지혜의 미덕과 보상에서 드러난 지혜의 가치(8:1~21) ··· 65

O. 지혜의 가치: 창조에 나타난 여호와의 지혜(8:22~36) ··· 70
　　　P. 지혜와 어리석음의 대조로 요약한 지혜의 가치(9장) ······ 73

Ⅲ. 솔로몬의 잠언(10:1~22:16)

　　　A. 의로운 삶과 악한 삶을 대조하는 잠언(10~15장) ············ 80
　　　B. 의로운 삶의 찬양(16:1~22:16) ·································· 123

Ⅳ. 지혜자들의 말씀(22:17~24:34)

　　　A. 지혜자들의 말씀 30개(22:17~24:22) ························· 171
　　　B. 지혜자들의 추가적인 말씀(24:23~34) ························ 183

Ⅴ. 히스기야의 신하들이 수집한 솔로몬의 잠언(25~29장) ················ 187

Ⅵ. 아굴의 잠언(30장)

　　　A. 서언(30:1) ··· 216
　　　B. 하나님에 관한 지식(30:2~9) ····································· 216
　　　C. 삶에 관한 소견(30:10~33) ······································· 218

Ⅶ. 르무엘을 위한 잠언(31:1~9) ·················· 224

Ⅷ. 현숙한 아내(31:10~31) ························ 226

참고문헌 ... 231

מִשְׁלֵי שְׁלֹמֹה בֶן־דָּוִד מֶלֶךְ יִשְׂרָאֵל
לָדַעַת חָכְמָה וּמוּסָר לְהָבִין אִמְרֵי בִינָה
לָקַחַת מוּסַר הַשְׂכֵּל צֶדֶק וּמִשְׁפָּט וּמֵישָׁרִים
לָתֵת לִפְתָאיִם עָרְמָה לְנַעַר דַּעַת וּמְזִמָּה
יִשְׁמַע חָכָם וְיוֹסֶף לֶקַח וְנָבוֹן תַּחְבֻּלוֹת יִקְנֶה
לְהָבִין מָשָׁל וּמְלִיצָה דִּבְרֵי חֲכָמִים וְחִידֹתָם
יִרְאַת יְהוָה רֵאשִׁית דָּעַת חָכְמָה וּמוּסָר אֱוִילִים בָּזוּ פ
שְׁמַע בְּנִי מוּסַר אָבִיךָ וְאַל־תִּטֹּשׁ תּוֹרַת אִמֶּךָ
כִּי לִוְיַת חֵן הֵם לְרֹאשֶׁךָ וַעֲנָקִים לְגַרְגְּרֹתֶיךָ

The Bible Knowledge Commentary 11
Proverbs
~ 서론 ~

서론

잠언서는 도덕적이며 윤리적인 교훈을 담고 있는 책으로, 삶의 다양한 면을 다룬다. 이 책을 읽는 사람들은 어떻게 지혜롭고 경건하게 살아갈 수 있는가, 어떻게 어리석고 악한 행위를 피할 수 있는가를 배우게 된다.

잠언서는 많은 주제를 다루고 있고 일상생활과 긴밀히 연관되어 있으므로 오랫동안 폭넓은 관심의 대상이 되어 왔다. 여기에는 옳고 그른 태도와 행위와 성품에 대해 반복해서 언급되어 있다. 잠언서는 '지혜롭게 사는 법'을 가르쳐 주는 하나님의 책이며, 그분의 보배로운 지혜서이다.

이스라엘 백성이 하나님의 규례와 법도를 따랐다면 그들은 지혜와 지식이 있는 백성이 되었을 것이다(신 4:5~6). '여호와의 계명'은 '우둔한 자를 지혜롭게'(시 19:7) 하기 때문이다. 이 진리는 모든 신자에게 적용된다. 잠언서는 여호와 하나님과 그분의 말씀을 믿는 것이 어떻게 일상에 영향을 미치는지 이스라엘 백성에게 보여 주었고, 모든 시대의 신자가 어떻게 하나님과 타인들이 보기에 지혜로울 수 있는가를 보여 준다.

잠언서는 중요한 강조점을 더함으로써 구약성경을 풍성케 한다. 이스라엘 백성은 율법을 지키고 예언을 듣고 순종해야 할 뿐 아니라 율법과 예언을 매일의 삶에 적용시켜야 했다. 이스라엘 백성이 모세의 율법 중

어떤 계명도 어기지 않고 어떤 예언의 말씀도 위반하지 않았더라도 완전한 삶에 이른 것이 아니다. 잠언서는 불법적이고 부도덕한 자에게 경고할 뿐 아니라 적극적이며 역동적인 삶으로 인도하는 일에 관심을 두고 있다.

저자와 연대

잠언서의 저자와 기록 연대는 책의 구조를 먼저 이해하지 않고서는 생각할 수 없다. 이 책은 여러 시대에 걸쳐 여러 저자들과 편집자들에 의해 기록된 여덟 부분으로 구성되어 있다. 1장 1절의 '솔로몬의 잠언'은 1~9장(I, II부)을 소개해 준다. 솔로몬의 통치 기간은 BC 971~931년이므로 그가 쓴 잠언들은 BC 10세기의 것이다. 10장 1절에 의하면 제III부(10:1~22:16) 역시 솔로몬의 작품이다.

제IV부(22:17~24장)는 '지혜 있는 자의 말씀'(22:17; 24:23)으로 지칭된다. '지혜 있는 자'의 성격이 모호하기 때문에 이 말씀들의 기록 연대 역시 불분명하다. 그들이 솔로몬보다 앞선 시대의 사람들이라면, 솔로몬이 그들의 말씀을 편집하고 거기에 자신의 것을 첨가한 것으로 추론할 수 있다. 그렇지 않고 그들이 솔로몬 당시에도 살아 있던 자들이라면, 무명의

서론 | 9

편집자에 의해 그들의 말씀이 첨가되었을 것으로 추정된다.

제Ⅴ부(25장~29장)의 잠언들은 솔로몬에 의해 기록된 것인데, 히스기야의 신하들(25:1)에 의해 편집된 것이다. 히스기야가 BC 728년부터 BC 686년까지 통치했으므로 이 기간 중에 편찬되었을 것이다.

제Ⅵ부(30장)와 제Ⅶ부(31:1~9)는 아굴과 르무엘 왕이 기록한 것인데, 이들은 이스라엘이 아닌 아라비아 사람이었을 것이다. 그들의 신분과 혈통은 불분명하다.

제Ⅷ부(31:10~31)에는 르무엘(31:1)의 잠언이 계속 되는 것 같지만, 그 구조가 아크로스틱(acrostic) 시 형식으로, 31장 1~9절과는 다르기 때문에 독립된 부분으로 구별된다. 그것이 사실이라면 저자는 알 수 없다.

이 책은 히스기야 시대에 완결된 형태를 가졌을 것이다(참조, 25:1). 그러나 그의 신하들이 책 전부를 편집했는지 불확실하다. 아굴과 르무엘의 잠언이 이미 기록되었다는 가정 하에 마지막 편집 연대를 BC 700년경으로 보고 있다. 물론 저작과 편집은 모든 성경의 신적 저자인 성령님의 영감에 의해 이루어진 것이다(딤후 3:16).

솔로몬이 이 책의 대부분을 썼다고 하는 것은 정당한 것이다. 사실 그는 당대에 가장 지혜로운 자였고(왕상 4:29~31:34), 3천 편의 잠언을 지었다(왕상 4:32. 참조, 전 12:9). 성령께서 그를 인도하셔서 그중 몇 백 편만 선택하게 하셔서 성경 속에 포함되게 하셨다.

아마 그의 경험이 반영된 아가서는 솔로몬이 청장년기에 쓴 것이고, 잠언은 중년기에, 그리고 전도서는 생애 끝 무렵에 쓴 것으로 보인다.

목적

잠언서의 5가지 목적이 서두(1:2~4, 6)에 나와 있다. (1) 지혜와 훈계를 알게 하며, (2) 명철의 말씀을 깨닫게 하며, (3) 행할 일에 대하여 훈계를 받게 하며, (4) 어리석은 자를 슬기롭게 하며, (5) 잠언과 비유와 지혜 있는 자의 말과 그 오묘한 말을 깨닫게 하려는 것이다. 이 목적들은 독자들이 지혜롭고 훌륭한 삶을 살도록 돕는 데 초점을 맞추고 있다.

잠언은 어떤 의미로 배움을 모험과 도전으로 만드는 지혜를 나누어 주려는 부모와 교사들에 의해 사용되었다. 잠언을 사용하는 목적은 연소한 자를 도와서 지혜로운 삶을 촉진하는 정신적인 기술들을 얻게 하는 것이다. 말씀의 내용과 구조 모두 듣는 사람의 성장에 도움을 주고 있다. 과정은 도전, 결과는 보상이다.

잠언서에는 지혜를 의미하는 여러 단어들과 함께 동의어들이 사용되고 있다. 가장 자주 사용되는 대표적인 단어는 **호크마**(חָכְמָה)로, 잠언서에 45번 나타난다. 구약성경에서 **호크마**는 장인이나 선원, 가수, 대곡(代哭)꾼, 관리자, 상담자 등이 가진 기술을 나타내는 데 사용된다. 이러한 일을 하는 자들은 각자의 전문 영역에 관한 지식과 숙련된 기술과 능력을 가지고 있을 때 실력 있는 자로 생각되었다. 그러므로 그들은 '지혜자'였다. 마찬가지로 영적인 영역에 있어서 하나님에 대한 **호크마**를 소유한 사람은 하나님의 길을 따르는 것에 관한 지식과 경험이 있는 사람이다. 그러므로 성경의 지혜 문학에서 지혜롭다고 하는 것은 경건한 삶을 산다는 것을 뜻한다. 하나님의 지혜를 가졌다는 것은 하나님을 경외하는 삶을 살아가는 능력을 가졌다는 것을 뜻한다. 토이(Crawford H. Toy)는 "지혜는 가장 고차원적인 의미에서 올바른 삶에 관한 지식이다"라고 말한 바 있다(*A Critical and Exegetical Commentary on the Book of Proverbs*, p.5).

많은 고대 근동의 문명도 지혜 문서들을 가지고 있다(18쪽의 '잠언서와 다른 고대 지혜문학과의 관계'를 보라). 잠언서가 그러한 문서들과 유사한 점이 없는 것은 아니지만, 잠언서에서 추구하는 지혜는 그러한 작품에서 발견할 수 없는 요소를 내포하고 있다. 잠언서의 지혜는 실제적인 총명함, 뛰어난 통찰력 그리고 능숙한 솜씨를 뜻하기도 하지만, 주님과의 올바른 관계에서 나오는 도덕적이며 정직한 삶을 포함한다. "여호와를 경외하는 것이 지혜의 근본이요"(9:10)라는 말씀은 지혜에 관한 히브리적 개념의 독특성을 보여 주는 것이다(참조, "지혜로운 자는 두려워하여"[14:16]. 또한 1:7; 15:33; 욥 28:28; 시 111:10을 보라). 성경적인 의미에서 지혜롭게 되기 위해서는 먼저 하나님과 올바른 관계를 가져야 한다. 여호와를 경외하는 것은 그분을 존경하는 것이며, 신뢰와 예배, 순종과 봉사로 그분께 응답하는 것이다. 하나님을 존경하지도 않고 그분의 말씀을 따르지도 않는다면, 히브리 현인이 정의한 지혜는 결코 획득할 수 없다.

그러므로 잠언서의 목적은 특별히 젊은이가 주님과의 올바른 관계에서 시작하는 지혜롭고 훌륭한 인생에 가까워지도록 성장시키는 것이다.

수신인

'내 아들'과 '내 아들들'이라는 말이 이 책에 자주 나오는데, 여기에서 솔로몬과 청중 간의 관계에 관해 몇 가지 질문이 제기된다. '내 아들'이란 단어는 솔로몬에 의해 1~7장에서 15번, 다른 곳에서 2번(19:27; 27:11) 사용되었다. 그리고 지혜자에 의해 5번(23:15, 19; 23:26; 24:13, 21), 르무엘의 어머니에 의해 1번(31:2) 사용되었다. '내 아들들'이라는 말은 4번 나오는데(4:1; 5:7; 7:24; 8:32), 모두 솔로몬에 의해 사용되었다. 원래 '내 아들(들)'이라는 말이 포함된 구절은 솔로몬이나 다른 사람들이 왕궁에서 학생들에게, 혹은 집안에서 자녀들에게 구두로 전한 교훈이다. 학교에서 학생들은 때때로 가르치는 자의 '아이들'이라고 불렸다. 가정에서는 아버지뿐 아니라 어머니에 의해서도 자녀 교육이 이루어졌다(1:8; 6:20; 23:19~26). 르무엘의 어머니 역시 잠언으로 아들을 훈계했다(31:1~2). 책으로 기록된 잠언서는 개인적인 성경 연구에도 분명히 도움이 될 뿐 아니라 부모가 자녀들을 교훈하는 데에도 유용하다. 이 책이 격언들의 수집물이라는 사실에서 잠언들은 다양한 상황에서 다양한 청중에게 주어진 것임을 알 수 있다. 결론적으로 이 책은 지혜롭고 경건한 삶에 대해서 젊은이(어른들도 포함됨)를 위한 가장 위대한 입문서이다.

문학 양식

1. '잠언'의 뜻

'잠언'은 마샬(מָשָׁל)의 번역인데, 아마 '~와 같다', '~와 비교되다'라는 뜻의 동사에서 파생된 것으로 보인다. 그러므로 잠언은 어떤 것을 비교하거나 일반적인 경험을 개괄하는 진술이다(즉 격언은 실재와 유사하거나 비교되는 것이다). 잠언서 대부분의 함축어가 **마샬**이지만(참조, 1:1; 10:1; 25:1), 구약성경의 다른 곳에서도 간단한 격언이 발견된다(예, 창 10:9; 삼상 10:12; 24:13; 왕상 20:11; 렘 31:29; 겔 12:22; 16:44; 18:2).

마샬은 또한 '웃음거리'를 뜻한다(예, 신 28:37[비방거리]; 왕상 9:7; 대하 7:20; 렘 24:9; 겔 14:8). 그 의미는 웃음거리로 불린 사람이나 나라가 다른 사람들을 위한 객관적인 교훈이 된다는 것이다. 마샬은 예언 신탁이나(민 23:7, 18; 24:3, 5, 20~21, 23) 여러 구절로 된 긴 조소(사 14:4)에 사용될 수도 있다. 아마 후자의 경우는 열방도 그러하다는, 화자의 바람을 진술한 것으로 생각된다. 욥의 '강화'(講話, 욥 29~31장)는 그의 경험이 무엇과 같았는지를 개괄한다는 의미에서 마샬이라고 할 수 있다. 마샬은 '비유'로 번역되기도 한다(겔 17:2; 20:49). 여기에서 비유적 이야기란 인생의 어떤 사건과 흡사한 것을 말한다. 잠언은 또한 수수께끼(오묘한 말)와도 관계가 있다(시 49:4; 잠 1:6).

잠언서에는 한 절로 이루어진 격언과 몇 개의 긴 강화(예, 6:12~14, 16~19; 7:6~23; 30:11~14, 18~19, 21~23; 31:4~5)가 포함되어 있다.

2. 평행법(Parallelism)

잠언은 전체가 시 형식으로 쓰였다. 히브리 시의 구조적인 특징은 평행법이다. 보통 한 절 안에 두 개의 행이 대응 관계를 이루는 것이다.

동의적 평행법(synonymous parallelism)은 한 행의 단어나 요소들이 다음 행의 유사한 단어나 요소와 대응을 이루는 것이다. 때때로 한 행 안에 있는 모든 요소가 다음 행의 요소에 대응되기도 한다(예, 1:2; 2:11). 이것이 완전 동의적 평행법(complete synonymous parallelism)이다. 어떤 경우에는 한 행 안의 몇 개 요소만이 다음 행의 요소에 대응되기도 한다(예, 1:9. 첫 번째 행의 '이는'에 대응되는 요소가 두 번째 행에 나오지 않는다). 이것은 불완전 동의적 평행법이라고 불린다.

반의적 평행법(antithetical parallelism)은 한 행이 다른 행과 대조되거나 반대 되는 것이다(예, 10:1; 11:1). 10~15장의 대부분이 반의적 평행을 이루고 있다.

상징적 평행법(emblematic parallelism)은 직유 또는 은유법으로, 한 행이 다른 행을 설명해 주는 평행법이다(예, 10:26; 25:12, 23).

종합적 평행법(synthetic parallelism)은 두 번째 행이 첫 번째 행의 사상을 계속 이어가는 것이다. 두 번째 행이 첫 번째 행의 결과인 경우도 있고(3:6; 16:3), 두 번째 행이 첫 번째 행에 언급된 것을 부연하는 경우도 있다(6:12; 15:3). 한 행이 다른 행에서 언급된 것보다 더 나은 것을 제시해 주는 경우도 이따금 있다. '~이 ~보다 낫다'는 표현이 19번(12:9; 15:16~17; 16:8, 16, 19, 32; 17:1, 12; 19:1, 22; 21:9, 19; 22:1; 25:7, 24; 27:5, 10; 28:6), '하물며 ~이랴'는 표현도 몇 번 나오는데(11:31; 15:11; 17:7; 19:7, 10; 21:27), 이러한 경우도 종합적 평행법의 일종이다. 16:1~22:16의 대부분이 동의적 평행법 아니면 종합적 평행법이다.

잠언서의 모든 구절이 두 행으로 이루어져 있지는 않다. 세 행으로 된 것(예, 1:27; 6:13, 17; 27:22; 30:20, 32~33; 31:4), 네 행으로 이루어진 것(예, 30:9, 14~15, 17, 19), 여섯 행으로 된 것(30:4)도 있다. 세 행으로 된 구절은 일반적으로 첫 행과 둘째 행, 그리고 둘째 행과 셋째 행이 어떤 방식으로든 평행 관계를 이루는 형태를 띤다(예, 27장 27절에서 둘째 행은 첫째 행과 종합적 평행 관계를 이루면서 교훈을 완전하게 한다. 그리고 셋째 행은 둘째 행과 동의적 평행 관계를 이룬다). 그러나 1장 27절의 세 행은 모두 동의적 평행 관계를 이루고 있다. 윌리암 모우저(William E. Mouser, Jr)의 『지혜 안에서 걷기』(Walking in Wisdom)와 『솔로몬의 잠언 연구』(Strudying the Proverbs of Solomon)는 잠언서의 다양한 평행법이 다루고 있는 논점들을 분석하는 데 퍽 유익할 것이다.

항상 그렇다고 말할 수는 없겠으나 일반적으로 두 행으로 이루어진 평행법에서 둘째 행이 첫째 행의 사상이나 어휘를 단순히 반복만 하는 것은 아니다. 둘째 행은 첫째 행을 확장, 완성, 정의, 강화, 확대, 반대, 대체 또는 대응하는 역할을 한다. 둘째 행이 강조되는 이러한 형식을 쿠걸(James L. Kugel)은 "A와 보다 큰 B"(A, and What's more, B)라고 지칭했다(The Idea of Biblical Poetry: Parallelism and Its History. New Haven, Conn.: Yale University Press, 1981, pp.7~27. 특히 p. 13).

잠언서는 짧은 격언, 삶에 관한 적절한 금언들만 모아 놓은 것이다.

그것은 저자의 경험과 견해를 요약하고 결정화하여 응축시킨 것들이다. 짧지만 함축된 특징 때문에 독자들은 격언들의 뜻을 반추해야 한다. 그것은 삶이란 어떤 것이며, 어떻게 살아야 하는가를 말해 준다. 잠언서의 어떤 진술은 자질구레하지 않고 간단하게 일상적인 삶의 방식을 이야기하고, 어떤 구절들은 삶을 어떻게 살아가야 하는 것인지에 대해 방향을 제시하며 권고한다. 그리고 상담의 이유가 항상 충고 뒤에 따라 나온다.

많은 속담 투의 격언들은 절대적인 규범이 아니라 참고할 만한 지침으로 이해되어야 한다. 그것들이 깨뜨릴 수 없는 약속들(ironclad promises)은 아니기 때문이다. 잠언의 진술들은 일반적으로 진실이지만, 예외도 자주 언급되어 있다(예, 시 73:12; 잠 10:27).

주제

잠언서는 인간의 성품과 행위에 관심을 두고 있다. 삶에 관한 잠언서의 견해와 훈계는 이스라엘 나라에 대한 것이 아니라 개인들에게 주어진 것이다. "목적"에서 이미 밝힌 바와 같이 잠언서는 지혜로운 삶을 강조한다. 이것은 경건한 삶과 같은 의미이다. 왜냐하면 경건하고 의로운 자가 하나님 보시기에 지혜롭기 때문이다. 반대로 악하고 불의한 사람은 어리석은 사람이다. 잠언서에는 이와 같은 삶의 두 가지 길의 특성과 결과가 반복해서 언급된다. 그것은 시편 1편 6절에 잘 요약되어 있다. "무릇 의인들의 길은 여호와께서 인정하시나 악인들의 길은 망하리로다."

잠언서에는 인간의 다양한 정서와 태도와 관계들이 자주 대조되어 나타난다. 이러한 논제에 관해서는 표 〈잠언서에 나타난 주제들〉을 보라. 잠언을 연구하는 보편적인 방법은 같은 논제를 다루는 구절들을 수집하고 그 논제에 관련된 모든 것을 분석하는 것이다. 그 예는 6장

잠언서에 나타난 주제들		
긍정적인 면(의, 지혜)	부정적인 면(악, 어리석음)	그 외의 주제
지혜	어리석음	여호와 경외
의	사악	남편
생명	죽음	아내
지식	무지	아버지
근면	게으름	어머니
질서	무질서	아이
성공	실패	왕, 주관자
절제	분노	주인
성실	무성의	종
순종	배신	창녀
정직	속임	고아와 궁핍한 자
정의, 공평	불의, 불공평	사업 수완
진실	거짓	위선
존경	멸시	도적질
칭송	비난	비난
긍지	비천	폭식
순결	추함	
격려	중상	
평화	분쟁, 시기	
사랑	증오	
자비	잔인	
관대함	탐욕	
기쁨	슬픔	
희망	염려	
선한 친구	악한 친구	
우정	적의	
풍부	빈곤	
덕	부끄러움	
금주	만취	
신뢰	근심	
즐거움	비탄	
조용함	다변	
만족	질투	
배움	배우지 않음	

17~19절 주해 부분에 있는 "말에 관한 잠언서의 가르침"이다. 잠언서는 다양한 주제들을 다룬다. 도시의 삶과 시골 생활, 사업 윤리, 사교, 사회 정의, 가족간의 관계, 도덕적 표준들, 마음가짐과 동기 등을 다룬다. 그러므로 이 책이 그처럼 많은 사람의 관심을 받는 것이 당연하지 않은가!

잠언서는 사후 세계에 관해서는 거의 말하지 않는다. 단지 현재의 삶에 강조점을 둔다. 살아 있을 때 경건한 삶에 대한 보상을 받고, 불의한 삶에 대한 대가도 이생에서 받는다. 잠언서가 강조하는 바와 같이 삶의 선택에 대한 결과는 분명하다.

잠언서는 또한 하나님께 초점을 둔다. 그분의 본성(주권, 신실함, 거룩함, 전지, 전능, 정의 등), 그분의 사역과 축복에 대해 언급한다. 잠언서에는 '여호와'가 87번이나 나온다.

잠언서에는 또한 인간과 여호와의 관계가 강조되어 있다. 사람은 누구든지 여호와를 경외하고 신뢰해야 경건하고 지혜롭게 살 수 있다. 잠언서는 하나님과의 바른 관계, 다른 사람들과의 올바른 관계를 강조한다.

잠언서와 다른 고대 지혜문학의 관계

솔로몬의 지혜가 남들보다 뛰어났지만(왕상 4:30~31), 그렇다고 해서 그만 지혜자였던 것은 아니다. 애굽에도 지혜자가 있었고(창 41:8; 출 7:11; 왕상 4:30; 사 19:11~12), 에돔도 지혜로 잘 알려져 있었으며(렘 49:7; 옵 1:8), 바벨론에도 지혜자들이 있었다(사 47:1, 10; 렘 50:35; 51:57; 단 1:4, 20; 2:13~14; 5:8).

애굽과 바벨론의 지혜문학 중 몇 작품은 격언의 수집물이거나 최소한 얼마의 잠언적 격언들을 포함하고 있다. 애굽의 문학작품 중 예를 몇 가지 들어 보면, 『고관 프타-호텝의 교훈』(*The Instruction of the Vizier Ptah-*

Hotep)은 BC 2,450년경의 것으로, 훌륭한 관리가 되는 법을 가르치고 있다. 『아멘-엠-헷의 교훈』(*The Instruction of Amen-em-Het*)은 BC 2천 년 경의 것으로, 그가 선택한 백성이 어떻게 그를 실망시켰는지를 아들에 게 말하는 내용으로 되어 있다. 『아멘-엠-오페의 교훈』(*The Instruction of Amen-em-Ope*)은 BC 1300~1900년경의 것으로, 잠언서와 거의 같은 어 휘를 사용해서(예, '들으라', '내 아들', '생명의 길', '길') 그 아들에게 삶에 대해 일러 주는 한 왕의 가르침이다. 『아멘-엠-오페의 교훈』은 잠언서와 부분적으로 거의 동일한데(예, 잠 22:17~24:22), 이러한 이유 때문에 잠 언이 이 작품을 차용한 것인지, 애굽 사람이 잠언을 차용한 것인지, 아니 면 각 저자들이 독립적으로 보편적인 관심에서 기록한 것인지 의문이 제 기된다. 이러한 문제에 관해서는 22:17~24:22의 주해를 참조하라.

격언들을 담고 있는 바벨론 지혜문학의 예로는 『지혜의 조언』(*Counsels of Wisdom*, BC 1500~1000년경), 『아카드 잠언』(*Akkadian Proverbs*, BC 1800~1600년경) 그리고 『아히카르 어록』(*The Words of Ahiqar*, BC 700~400년)을 들 수 있다.

잠언서의 몇몇 격언들이 애굽과 메소포타미아의 것들과 비슷하다고 해서 성경의 신적 영감이 부인되는 것은 아니다. 하나님이 잠언서의 저 자들을 인도하셔서 그들이 성령님에 의해 감화를 받아 잠언을 기록하게 하시고, 하나님이 원하시는 바를 정확히 기록하게 하셔서 그것들이 정 경 속에 포함되게 하셨다. 게다가 다른 지혜문학은 잠언서보다 세속적이 며, 어떤 경우에는 도덕적인 측면에서 무디기까지 하다. 또한 잠언서가 강 조하는 하나님 경외 사상은 다른 지혜문학에서는 전혀 발견되지 않는다. 형식과 내용에 있어서 잠언서가 다른 지혜문학들과 유사한 점이 있다 하 더라도, 잠언서는 하나님의 계시로서 독특한 위치를 차지하고 있다.

The Bible Knowledge Commentary

개요

I. 서문(1:1~7)

　A. 저자와 문학 양식(1:1)
　B. 책의 목적(1:2~6)
　C. 책의 주제(1:7)

II. 지혜의 가치에 관한 솔로몬의 잠언(1:8~9:18)

　A. 지혜의 가치: 영광을 얻게 함(1:8~9)
　B. 지혜의 가치: 재앙을 면하게 함(1:10~33)
　C. 지혜의 도덕적인 가치(2장)
　D. 지혜의 축복(3:1~12)
　E. 지혜의 지고한 가치(3:13~20)
　F. 지혜의 가치: 관계를 바르게 세워 줌(3:21~35)
　G. 지혜를 얻으라는 권고(4:1~9)
　H. 지혜의 가치: 환난을 면케 함(4:10~19)
　I. 지혜의 가치: 건강하게 해 줌(4:20~27)
　J. 지혜의 가치: 간음을 피하게 해 줌(5장)
　K. 지혜의 가치: 가난을 피하게 해 줌(6:1~11)
　L. 지혜의 가치: 불화를 피하게 해 줌(6:12~19)
　M. 지혜의 가치: 성적인 부도덕을 피하게 해 줌(6:20~7:27)
　N. 지혜의 미덕과 보상에서 드러난 지혜의 가치(8:1~21)
　O. 지혜의 가치: 창조에 나타난 여호와의 지혜(8:22~36)
　P. 지혜와 어리석음의 대조로 요약한 지혜의 가치(9장)

III. 솔로몬의 잠언(10:1~22:16)

    A. 의로운 삶과 악한 삶을 대조하는 잠언(10~15장)
    B. 의로운 삶의 찬양(16:1~22:16)

IV. 지혜자들의 말씀(22:17~24:34)

    A. 지혜자들의 말씀 30개(22:17~24:22)
    B. 지혜자들의 추가적인 말씀(24:23~34)

V. 히스기야의 신하들이 수집한 솔로몬의 잠언(25~29장)

VI. 아굴의 잠언(30장)

    A. 서언(30:1)
    B. 하나님에 관한 지식(30:2~9)
    C. 삶에 관한 소견(30:10~33)

VII. 르무엘을 위한 잠언(31:1~9)

VIII. 현숙한 아내(31:10~31)

מִשְׁלֵי שְׁלֹמֹה בֶן־דָּוִד מֶלֶךְ יִשְׂרָאֵל
לָדַעַת חָכְמָה וּמוּסָר לְהָבִין אִמְרֵי בִינָה
לָקַחַת מוּסַר הַשְׂכֵּל צֶדֶק וּמִשְׁפָּט וּמֵישָׁרִים
לָתֵת לִפְתָאיִם עָרְמָה לְנַעַר דַּעַת וּמְזִמָּה
יִשְׁמַע חָכָם וְיוֹסֶף לֶקַח וְנָבוֹן תַּחְבֻּלוֹת יִקְנֶה
לְהָבִין מָשָׁל וּמְלִיצָה דִּבְרֵי חֲכָמִים וְחִידֹתָם
יִרְאַת יְהוָה רֵאשִׁית דָּעַת חָכְמָה וּמוּסָר אֱוִילִים בָּזוּ פ
שְׁמַע בְּנִי מוּסַר אָבִיךָ וְאַל־תִּטֹּשׁ תּוֹרַת אִמֶּךָ
כִּי לִוְיַת חֵן הֵם לְרֹאשֶׁךָ וַעֲנָקִים לְגַרְגְּרֹתֶיךָ

| The Bible Knowledge
Commentary 11 |

Proverbs

주해

The Bible Knowledge
Commentary

주해

I. 서문(1:1~7)

저자는 여기에서 자신과 자신의 문학 양식을 소개하고(1절), 잠언을 기록한 이유를 폭넓게 진술한다(2~6절). 또한 독자들이 왜 잠언 저자가 원하는 사람이 되어야 하는지, 그 신학적 이유도 서술한다(7절).

A. 저자와 문학 양식(1:1)

1:1 '솔로몬의 잠언'이란 언급이 책 전체에 해당하는 것인지, 아니면 첫 번째 부분(1:2~9:18)만을 포함하는 것인지에 대해 학자들 간에 의견 일치를 이루지 못하고 있다. 다른 부분에 여러 명의 저자와 편집자의 이름이 나오기 때문에 이 구절의 언급은 1~9장에 해당되는 것으로 보인다. 10장 1절~22장 16절 단락의 첫 구절인 10장 1절의 경우에도 동일하다(서론의 '저자와 연대'를 보라).

'잠언'은 책의 제목인 동시에 문학 양식을 가리키는 것이다. 마샬(잠언)의 뜻에 관해서는 서론의 '문학 양식'을 보라. 그곳에서 논의된 것처럼 마샬은 일반적으로 간단하고 함축성 있는 격언을 말하지만 보다 긴 강화들을 의미할 수도 있다. 그러므로 '잠언'은 다양한 양식의 지혜롭고 통찰력 있는 교훈을 의미하는 것이다.

B. 책의 목적(1:2~6)

1. 요약 진술(1:2)

1:2 잠언서는 사람들에게 (1) 올바른 삶을 살아가는 기술을 얻고(**지혜와 훈계를 얻고**), (2) 총명한 마음을 얻도록(**명철의 말씀을 깨닫도록**) 권면하기 위해 기록되었다. (1)은 3~5절에, (2)는 6절에 상세히 설명되어 있다. 서론의 '목적'에서 설명한 바와 같이 **호크마**(חָכְמָה : 지혜)는 구약성경에

서 장인, 선원, 가수, 대곡(代哭)꾼, 관리자, 상담자 등의 정신적, 육체적 기술을 언급하는 데 주로 사용된다. 그러나 어떤 때는 잠언서처럼 능숙하고 경건한 삶을 살게 하는 도덕적, 윤리적 원칙들의 적용에 초점을 두고 사용된다. 이 지혜를 소유한 사람은 경건한 삶의 '비결'을 알고 있는 사람이다. 지혜 있고 성숙한 삶은 '훈계'(3절)와 질서 있는 삶이다. 훈계는 무싸르(מוּסָר), 즉 '도덕적 훈련과 교정'을 번역한 것이다. 히브리어 빈(בִּין : 명철)은 통찰력 또는 문제점의 이면을 볼 수 있는 능력을 뜻하는데, 5절에서는 '명철', 6절에서는 '깨달음'으로 번역되었다.

2. 확대 진술(1:3~6)

1:3~5 여기에는 지혜로운 삶을 살기 위해 요구되는 삶의 특성들이 잘 서술되어 있다. 훈계를 알고(2절) 슬기로운(4절) 삶은 높은 도덕적 표준을 따르는 삶으로써, 공의와 정의와 정직(참조, 2:9)을 행하는 삶이다. 부도덕하고 불의한 사람은 하나님이 보실 때 결코 지혜로운 자라고 불릴 수 없다.

'어리석은 자'(프티[פֶּתִי], 4절)는 단순하고 무지한 자를 뜻한다. 지능이 낮은 사람이나 이해력이 부족한 사람, 혹은 지혜를 멸시하는 사람을 뜻하는 것이 아니다. 인생과 지혜를 많이 접해 보지 못한 사람을 말한다. 그는 경험이 부족하기 때문에 쉽게 속고 유혹에 쉽게 넘어간다. 그러므로 그에게는 '슬기', 즉 명철함과 분별력이 필요하다. '슬기'로 번역된 히브리어 오르마(עָרְמָה)는 8장 5절과 12절(개역성경에 '명철'로 번역됨), 출애굽기 21장 14절(개역개정에는 번역되지 않음), 여호수아 9장 4절(개역개정에서 '꾀'로 번역됨)에 사용되었다. 프티(פֶּתִי : 어리석음)는 잠언에 14번 나온다(잠 1:4, 22, 32; 7:7; 8:5; 9:4, 6, 16; 14:15, 18; 19:25; 21:11; 22:3;

27:12). 잠언에 나오는 '미련한 자'에 대해서는 1장 7절의 주해를 보라.

'어리석은 자'와 젊은 자에게는 지혜, 즉 슬기와 지식과 근신함(므짐마 [מְזִמָּה], 2:11; 3:21; 5:2; 8:12)이 필요하다. 12장 2절과 14장 17절에서 므짐마는 교활하고 사악한 계획을 뜻하는 부정적인 의미로 사용된다. 경험이 많은 사람(지혜 있는 자와 명철한 자) 역시 더 지혜롭게 되어야 한다(학식과 지략에서). '지략'(타흐불로트[תַּחְבֻּלוֹת])은 문자적으로 '운전 장치'(배를 조정할 때 사용되는 도구와 같은)를 뜻하는데, 인생이 바른 방향으로 가는 것을 암시한다. 이 단어는 잠언 11장 14절, 12장 5절(도모), 20장 18절, 24장 6절과 욥기 37장 12절(조종)에 나온다.

1:6 '명철의 말씀'(2절)을 깨닫는 자는 잠언과 비유와 지혜 있는 자의 말과 그 오묘한 말을 깨닫는다. '오묘한 말'(히다[חִידָה])은 비유적 표현처럼 간접적이고 완곡한 수수께끼와 같은, 해석이 필요한 말을 뜻한다. 이 단어는 삼손의 수수께끼(삿 14:12~19)와 스바 여왕이 솔로몬에게 낸 '어려운 문제'(왕상 10:1; 대하 9:1)에도 사용되었다.

C. 책의 주제(1:7)

1:7 솔로몬은 여호와를 경외하는 것이 지식의 근본이라고 했다. 여호와를 경외하는 것은 잠언에서 명사형으로 11번, 동사형으로 4번 등장한다. '근본'으로 번역된 레쉬트(רֵאשִׁית)는 '시작'을 뜻한다. 시작이 잘못되면, 즉 여호와를 경외하지 않으면(하나님의 성품을 모르고, 그분을 존경하고 신

뢰하고 경배하고 순종하고 섬기지 않으면) 영적인 일에 대한 지식을 얻을 수는 없는 것이다. **레쉬트**는 또한 절정이나 본질을 뜻하기도 한다. 참된 지식의 본질은 하나님을 경외하는 것이다. 하나님을 떠난 사람은 영적인 것에 무지하다(롬 1:22; 엡 4:18; 벧전 1:14). 잠언 1장 7상반절은 첫 번째 단락의 거의 끝인 9장 10절에서 반복된다(참조 욥 28:28; 시 111:10).

하나님을 경외하고 지식을 가진 자들과는 대조적으로 **미련한 자는 지혜와 훈계를 멸시한다.** '멸시하다'라고 번역된 **부즈**(בּוּז)는 '얕보다, 경시하다, 조롱하다'라는 뜻이다(참조, 민 15:31; 느 2:19). **부즈**는 잠언서의 다른 곳에서 7번 나온다(6:30; 11:12; 13:13; 14:21; 23:9, 22; 30:17). 히브리어 단어 세 가지가 잠언서에서 '미련한 자'로 번역된다. 하나는 **크씰**(כְּסִיל)인데, 우둔하고 꽉 막힌 마음이 특징이다. 이런 사람은 우둔하고 고집이 센 사람이다. 다른 두 단어보다 이 단어가 잠언서에 더 많이 나온다. 이 단어는 잠언서에 모두 49번 사용되었다. 이 단어로 표현된 미련한 자는 나태하고 근시안적이기 때문에 다른 사람들이 전해 주는 정보를 거부한다(참조, 15:14). 두 번째 단어는 **나발**(נָבָל)로 잠언서에 세 번 나오는데(17:7, 21; 30:22), 영적인 인식력이 부족한 사람을 나타낸다. 세 번째는 **에윌**(אֱוִיל)로써, 정신적으로 둔할 뿐 아니라 오만하고 무례한 사람을 뜻한다. 그런 사람은 살아가는 방식이 야비하고 비정하다. 이 단어는 잠언에서 19번, 다른 곳에서 7번 사용되었다. 1장 7절의 '미련한 자'는 오만하고 야비한 태도로 하나님과 지혜를 거부하는 자다(참조, 29절). 이 구절에서 두 종류의 사람들이 비교되는데, 겸손하게 하나님을 경외함으로써 참된 지식을 얻는 자와 하나님 경외하기를 거절함으로써 지혜와 훈계를 멸시하는 자임을 보여 주는 거만하고 미련한 자들이다(참조, 2절의 '지혜와 훈계'). 책 전체에서 이 두 종류의 사람이 대비되고 있다.

II. 지혜의 가치에 관한 솔로몬의 잠언(1:8~9:18)

이 긴 단락은 간결한 말씀들을 모아 놓은 나머지 장들의 서론이다. 이 단락의 목적은 독자('내 아들')의 의욕을 돋우어서 부모가 전하는 지혜로운 말씀에 전념하게 하려는 것이다. 솔로몬은 지혜가 다른 어떤 삶의 방식보다 우월함을 보이기 위한 교훈들을 모아 놓았다. 그의 교훈들은 범죄와 간음에 대한 경고 외에 생산적이고 의미 있는 생활방식에 관심을 집중시키고 있다. 이 단락은 16개의 작은 항목으로 나눌 수 있다.

A. 지혜의 가치: 영광을 얻게 함(1:8~9)

1:8 '내 아들(들)'이라는 말은 9장까지 자주, 그리고 22:17~24:34에서는 4번 사용되었다. 이 구절에서 '내 아들'은 어머니에 대한 언급 때문에 아마 지혜자의 생도들이 아니라 솔로몬의 아들을 언급하는 것으로 보인다(이 문제에 대해 더 자세히 알려면 서론의 '수신인'을 보라). '들으라'는 명령은 여러 번 나온다(4:1, 10, 20; 5:1, 7; 7:24; 8:32; 19:20; 22:17; 23:19, 22). '가르침'(teaching, 개역성경에는 '법'으로 번역됨)은 히브리어 **토라**(תּוֹרָה)의 번역으로, 보통 '율법'으로 번역되지만 특정한 사람(예, 어머니)과 함께 쓰일 때는 '가르침'으로 번역된다(참조 3:1; 4:2; 6:20; 13:14). 유대인 가정에서는 부모가 자식들에게 하나님의 율법을 가르치는 것이 이상적인 것이므로(참조, 신 6:4~7) 율법에 대해서도, 율법을 가르치는 일에 대해서도 같은 단어인 **토라**가 사용되었다.

1:9 자식들이 부모의 가르침에 주의하면 그들은 아름다운 관(참조, 4:9)과 목걸이(참조, 3:3, 22)를 약속받게 된다. 즉 부모의 교훈에 주의하는 자녀들은 멋진 삶과 지위를 얻게 될 것이다. 그들은 영광을 얻을 것이다. 그러나 불순종하고 반역하면 부끄러움을 받게 된다는 것이 암시되어 있다.

B. 지혜의 가치: 재앙을 면하게 함(1:10~33)

1. 악한 자에게 임하는 재앙(1:10~19)

악한 자의 유혹이 전반에 걸쳐 드러나 있어서 사람의 관심을 끌고 있다. 미련한 자는 쉽게 부를 얻고 즉시 욕망을 채울 수 있다는 기대감에 현혹된다(10~14절). 그러나 지혜 있는 자는 그러한 죄와 미련함의 결말을 생각한다.

1:10~14 동년배들의 압력은 특히 젊은이들에게 아주 강하게 작용할 수 있다. 그러므로 그들은 살인과 도적질에 함께 참여하자는 악한 자의 유혹을 피해야 한다. 그런 유혹을 따르는 것은 타락의 길로 접어드는 것이다(참조, 15절). "우리가 가만히 엎드렸다가 사람의 피를 흘리자"(참조, 12:6)는 것은 분명히 그들의 살인 의도를 똑똑히 설명해 주는 것이다(1장 18절의 '가만히 엎드림'에 대한 주해를 보라). 이 죄인들은 사람들의 돈을 빼앗으려고 죽이고, 스올(쉬올[שְׁאוֹל], 여기서는 사후에 가는 곳이 아니라 무덤을 뜻함)이나 죽은 자를 삼키는 무덤처럼 그들을 삼킬 채비를 갖추

고 있다. 재물을 얻고 싶은 욕심에서(13절) 그들은 노획물을 나누자고 약속하면서 젊은이에게 그들의 행위에 가담하라고 재촉한다(14절).

1:15~19 솔로몬은 다시 그의 아들에게 그런 사람들과 함께 다니지 말라고 강권한다(참조, 10절). 그들의 길을 밟는 것(참조, 4:14)은 죄와 피 흘림에 빠져드는(참조, 1:11), 돌이킬 수 없는 행로에 접어드는 것이다. 새들은 약삭빨라서 자신들을 잡기 위해 그물 치는 것을 보면 그것을 쉽게 피한다. 그러나 이 악한 사람들은 새보다도 어리석어서 덫을 볼 뿐 아니라 자신들을 위해 덫을 친다! 그들은 남의 피를 흘리려고 기다리지만 그들 자신이 그 덫에 걸려 버린다(참조, 32절; 26:27; 28:10). 부당하게 얻은 이득(1:19. 참조, 10:2; 28:16)으로는 즐길 수 없다는 부메랑 효과의 해학이 분명하다. 도둑들은 돈을 훔치지만 그 돈이 그들의 생명을 잃게 만든다! 즉 범죄로 얻을 수 있는 것은 없다.

2. 지혜가 없으면 재앙을 당함(1:20~33)

여인으로 인격화된 지혜가 모든 자에게 호소하지만(22~23절), 미련한 자는 그 호소를 무시함으로써(24~28절) 그 대가를 치르게 된다(29~33절). 지혜는 3장 16~18절, 4장 3~6절, 8장 1~21절, 32~36절, 9장 1~6절, 14장 33절에서도 여인으로 인격화되었다.

1:20~23 10~19절에서 죄인들이 젊은이에게 은밀히 접근한 데 반해, 여기에서 지혜는 길거리와 성의 공공장소에서 소리친다. 지혜는 세 부류의 사람들에게 두 가지 수사학적 질문을 통해 그들의 삶의 방식을 떠나

라고 권유한다. 그들은 그녀의 권유를 십중팔구 거부할 자들이다. 그들은 어리석은 자(프티[פְּתִי]. 4절의 주해를 보라)요, 거만한 자(참조, 시 1:1)요, 미련한 자(크씰[כְּסִיל]. 참조, 1:7의 주해)이다. 어리석은 자는 지혜의 **책망**에 응답함으로써 지혜롭게 될 수 있다(23절). 책망은 말로 교정하는 유익한 방법으로, 잠언서에 자주 나온다(23, 25, 30절; 3:11; 9:8[두 번]; 13:1; 15:31; 17:10; 19:25; 25:12; 27:5; 30:6).

1:24~28 지혜를 거부하고 무시하며 지혜의 **책망**을 듣지 않으면(참조, 23, 30절) 중대한 결과가 야기된다. **재앙**은 누구에게나 오는 것인데, 그것이 죄인들에게 임할 때, 지혜는 그들의 도움 요청을 거부하고 비웃을 것이다. 지혜가 **재앙과 두려움**을 비웃는 것은 잔혹하게 보인다. 그러나 이것은 지혜의 충고를 거부한 자에게 두려움이 임할 때 그 충고가 계속 생각나는 것을 의미한다. 지혜는 그들을 불렀지만, 그들이 거부했다. 이제 상황이 역전되어 버렸다. 그들이 부르지만 지혜는 대답하지 않을 것이다. 지혜를 거부했던 미련한 자가 뒤늦게 지혜의 길을 따르려고 하지만 그의 노력은 아무 소용이 없다. 지혜가 권고를 철회하면 거부된 지혜를 되찾을 수 없다.

1:29~33 '지혜'의 부름을 거부하는 것은 **지식**을 미워하는 것이며(참조, 22절), 여호와를 경외하는 것을 거절하는 것이다(참조, 7절의 주해). 그래서 미련한 자들은 **자기 행위의 열매**를 먹게 될 것이다(31절). 그들은 자신들이 뿌린 것을 거두게 된다(참조, 갈 6:7). 1장 19절에 서술된 것처럼 우둔한 자(어리석은 자와 미련한 자, 32절)는 결국 생명을 잃게 된다. 반대로 지혜의 길에 주의하면 **평안**(3:23)과 평화를 얻게 된다.

우둔한 자(1:32)와 지혜로운 자(33절)가 맞이할 결말의 대조가 잠언서 나머지 부분의 논조를 이룬다.

C. 지혜의 도덕적인 가치(2장)

이 장에서 아버지는 아들('내 아들.' 참조, 1:8)에게 지혜를 얻기 위해 해야 할 노력(2:1~6)과 지혜를 통해 얻는 도덕적인 유익(7~10절)과 부도덕한 사람으로부터 보호해 주는 지혜의 역할(11~22절)에 관해 교훈한다.

1. 지혜의 추구(2:1~6)

2:1~4 여기에는 8개의 동사가 사용된다. 즉 "받으며, 간직하며(1절), 기울이며, 두며(2절), 불러, 소리를 높이며(3절), 구하며, 찾으면(4절)"이다. 이들 동사의 목적어는 교사의 **말과 계명**(1절. 참조, 7:1의 '계명'), **지혜와 명철**(2절), 그리고 **지식과 명철**(3절, 여기에서 '명철'은 분별력을 뜻한다. 참조, 6, 11절)이다. 지혜로운 사람이 되기 위해서는 노력이 필요하다. 지혜를 얻는다는 것은 받아들이고, 간직하고, 귀를 기울이고, 마음에 두고, 구하고, 부지런히 찾는 것을 포함한다.

2:5~6 NIV 본문을 보면, 1, 3~4절에 'if'가 나오고, 5절에 결과절을 이끄는 'then'이 나온다. 지혜를 구하고 귀히 여길 때 나타나는 결과는 여호와 경외하기를 깨달으며 하나님을 알게 되는 것이다. 이것은 1장 7절에 언

급된 것과 같은 진리이다. 여호와께서는 **지혜의 근원이시다**(참조, 약 1:5). 여호와를 경외할 때, 사람은 **지혜와 지식**(참조, 잠 1:4; 2:10)과 **명철**(참조, 2~3, 11절)을 얻게 된다.

2. 지혜의 도덕적인 유익(2:7~10)

2:7~10 지혜는 긍정적이며 건강에 도움이 되는 도덕적 유익을 준다. 지혜는 사람을 악에서 지켜 주며 거룩하게 되도록 도와준다. 여기서 지혜는 단지 지식이 아니라 마음과 도덕적 행위의 문제다. 이것은 '**정직한**', '**온전한**'(참조, 21절), '**정의**', '**성도들**'(헤쎄드[חֶסֶד] : 하나님께 충성하는 자)이라는 말에서 분명히 나타난다. '**완전한 지혜**'라는 말은 3장 21절에서 '완전한 지혜', 8장 14절에서 '참 지식', 18장 1절에서 '참 지혜'로 번역되었다. 2장 7절에서 그것은 건전한 판단에서 나오는 성공을 뜻한다. 하나님은 **방패와 같이**(참조, 시 3:3) 그분의 지혜를 따라 도덕적으로 바르게 선 자들과 그분의 사람들(참조, 잠 1:33)을 보호하신다. 도덕적으로 사는 사람은 다른 사람들을 공평하게 대할 수 있고, **공의롭고 정의롭고 정직한 일**을 행할 수 있다(참조, 1:3). '정직'(fair)으로 번역된 단어는 7절에서 '정직'(upright)으로 번역된 단어와 같은 것(예샤림[יְשָׁרִים])이다. 사람의 행위가 홀레크(הָלַךְ, 7절), 오르하(אֹרַח, 8절), 데레크(דֶּרֶךְ, 8절), 마갈(מַעְגָּל, 9절) 등의 동의어로 표현되었는데, 홀렉은 '행위', 나머지는 '길'로 번역되었다(참조, 12~13, 15, 18~20절).

지혜를 얻으려고 애쓰는 사람은(1~4절) 지혜가 그의 마음에 들어가는 것을 알게 될 것이다(10절). 지혜를 얻으려면 부지런히 하나님의 뜻을 구해야 한다. 그러나 지혜는 하나님의 선물이다(참조, 6절). 하나님이 주시는 지혜를 소유하는 것은 내적인 기쁨과 즐거움을 가져다준다.

3. 행악자로부터 보호해 주는 지혜(2:11~22)

지혜는 귀중한 것이다. 그러므로 그것을 구해야 한다(1~4절). 그것은 악한 자와(12~15절) 악한 여자에게서(16~19절) 사람을 보호하고 올바른 길을 계속 걸어가게 해주기 때문이다(20~22절).

2:11~15 지혜의 보호에 관한 일반적 진술(11절)은 7~8절과 12~15절을 연결시킨다. 하나님이 보호하시며(8절), 그분이 주신 근신도 또한 보호한다(11절. 참조, 4:6; 13:6). 12~15절은 1장 10~19절의 경고와 연결될 때 의미가 더해진다. 악한 자의 길과 말은 패역하다(12절). 패역(12, 14절)은 '돌다, 돌아오다, 전복하다'라는 뜻의 동사에서 파생된 단어로써, 정상에서 '벗어난' 상태를 가리킨다. 이 히브리어 단어(타흐푸카[תַּהְפֻּכָה])는 잠언서에 8번(2:12, 14; 6:14; 10:31~32; 16:28, 30; 23:33), 다른 곳에서 1번(신 32:20)나온다. 패역한 사람은 정직한(문자적으로 '바른.' 참조, 잠 2:7) 길을 떠나 어두운(악한) 길로 행한다. 그들은 심지어 그들의 패역과 구부러진 길을 즐긴다. '구부러진'으로 번역된 이케쉬(עִקֵּשׁ)는 6장 12절, 11장 20절, 17장 20절, 28장 6절에서 '구부러진, 굽은'으로 번역되었고, 19장 1절, 22장 5절에서 '패역한'으로 번역되었다. 그들의 행위는 도덕적으로 구부러졌다. 여기에서 히브리어는 오르하(אֹרַח, 13, 15절)와 데레크(דֶּרֶךְ, 12~13, 15절)이 모두 '길'로 번역되었다. '길'에 관해서는 이 구절을 2장의 다른 구절과 비교해 보는 것이 유익하다(8, 9, 18~20절. 참조, 4:19; 7:25; 8:20).

2:16~19 지혜는 또한 음녀에게서(참조, 7:4~5) 사람을 보호한다('~에게서 구원하리니.' 참조, 12절). 음녀(이샤 자라[אִשָּׁה זָרָה])와 이방 계집(노크리야[נָכְרִיָּה])은 동의어다.

이샤 자라는 이방 여자(룻기 2장 10절의 룻처럼)나 음행 때문에 공동체에서 쫓겨난 여자(잠 2:16; 5:3, 20; 7:5; 22:14; 23:27)를 뜻할 수 있다. 노크리야는 2장 16절, 5장 20절, 6장 24절, 7장 5절, 23장 27절에 사용되었다. 악한 자는 패역한 말을 하는 데(2:12) 반해 음녀는 호리는 말을 한다(참조, 5:3; 6:24; 7:5, 21). 젊은 시절의 짝은 그녀의 남편을(참조, 5장 18절의 '네가 젊어서 취한 아내'), 그녀가 잊어버린 언약은 혼인 서약을 뜻하는 것이다. 그녀는 남편에게 한 서약을 잊음으로써 음란하게 되었다. 그 집에서 그런 여자와 얽히는 것은 **사망으로 기울어지는 것이다.** 간음은 사람을 돌이킬 수 없는 길로 몰아 결국 육체적 죽음을 낳게 한다(참조, 5:5; 7:27). 그것은 치명적이다. 스올은 르파임(רְפָאִים)의 번역으로, 9장 18절과 21장 16절에도 나온다(욥기 26장 5절의 주해를 보라). 길(잠 2:18~19)에 관해서는 13, 15절의 주해를 보라(참조, 5:6).

2:20~22 지혜를 구하는 사람(1~4절)은 악한 자를 피하며(11~19절) 바른 친구들(**의인과 정직한 자**)을 얻을 수 있다. 단지 부도덕을 회피하는 것은 지혜로운 사람에게 불충분한 것이다. 그는 점차 선을 적극적으로 추구해야 한다. 그러면 하나님이 그에게 복을 내리신다. 이스라엘 백성의 관점에서 **땅**(가나안)에 거한다는 것은 하나님의 사랑의 징표였다(참조, 출 20:12; 시 37:3, 9, 11, 29). 정직한 자와 완전한 자는 하나님이 주시는 풍성한 수확을 즐기게 될 것이고, 악인과 간사한 자는 포로가 되거나 죽음으로써 땅에서 뽑히게 될 것이다. 이들의 대조는 시편 1편 6절의 대조

를 상기시킨다(참조, 잠 10:30).

D. 지혜의 축복(3:1~12)

아버지-교사는 자신의 가르침을 따르라는 강한 권고(1~4절) 후에 네 가지 계명을 준다(5~12절). 이 계명들은 하나님의 선물을 오용하는 데 따르는 위험에 관한 것이다. 아들이 들어야 할 네 가지 계명은 다음과 같다. (1) 하나님을 의뢰하고 자기 명철을 의지하지 말 것(5~6절). (2) 스스로 지혜롭게 여기지 말고 하나님을 경외할 것(7~8절). (3) 하나님을 공경하고 그분께 아낌없이 드릴 것(9~10절). (4) 그리고 하나님께 감사하고 그분의 징계와 그 가치를 오해하지 말 것(11~12절). 이 구절들은 계명과 보상이 교대로 서술된 형태를 취한다. 1, 3, 5~6상반절, 7, 9, 11절이 계명이며, 2, 4, 6하반절, 8, 10, 12절이 그 보상이다. 보상의 내용은 장수와 평강(2절), 하나님과 사람에게 사랑받음(4절), 문제가 적어짐(6절), 건강(8절), 풍요(10절), 하나님의 사랑을 깨달음(12절)이다.

1. 아버지의 가르침을 따르라는 요청(3:1~4)

3:1~2 아들(참조, 1:8, 15; 2:1; 13:11, 21)은 배우고 있는 바를 명심하고 잊어버리지 말라는 부정 명령과 **지키라**는 긍정 명령으로 다시 권고를 받는다. 1장 8절, 4장 2절, 6장 20절처럼 **법**은 **토라**(תּוֹרָה)를 번역한 것이다(1:8의 주해를 보라). 명령에 관해서는 2장 1절, 4장 4절, 6장 20절

을 참조하라. 이러한 교훈이 사람의 삶의 일부를 차지한다면 두 가지 이익을 얻을 수 있다. 하나님의 축복의 표시인(참조, 출 20:12) 장수(참조, 3:16; 4:10; 9:11; 10:27; 14:27; 15:24)와 평강이다. 평강은 히브리어 샬롬(שלום)의 번역인데, '평화'로 번역되기도 한다. 그러나 이 단어는 그보다 훨씬 넓은 뜻을 내포한다. 샬롬에는 완전함, 건강, 화합의 뜻도 있다.

3:3~4 인자는 헤쎄드(חסד)의 번역으로, 계약이나 서약에 대한 충성을 뜻한다. 그것은 신뢰와 함께(참조, 14:22; 16:6; 20:28의 '인자와 진리') 마치 목에 매는 장식처럼(참조, 3:22; 1:9; 6:21) 삶을 우아하게 해 주고, 마음 판에 새겨질 것이다(참조, 6:21; 7:3). 이 말의 의미는 성구함(신명기 6장 8~9절의 주해를 보라)의 사용을 장려하는 것이 아니라 부모의 가르침을 깊이 새기고 지키라는 것이다. 그 결과는 은총과 귀중히 여김이다. '은총'은 '은혜롭다' 또는 '호의적이다'라는 뜻의 동사 하난(חנן)에서 파생된 명사 헨(חן)의 번역이다. 이 명사는 3장 34절, 13장 15절에서 '은혜', 11장 16절에서 '존영', 28장 23절에서 '사랑', 그리고 31장 30절에서 '고운 것'으로 번역되었다. '귀중히 여김'은 13장 15절에서 '선한 지혜'로 바뀌었다. 히브리어 세켈 토브(שכל טוב)는 능력과 유능함, 신중하다는 평판을 포함한다.

2. 여호와를 의뢰하고 자신의 명철을 의지하지 말라는 명령 (3:5~6)

3:5~6 마음을 다하여 여호와를 신뢰하라는 것은 인간의 통찰력이 결코 충분하지 않기 때문에 자신의 명철을 의지하지 말라는 것이다. 여호와의 길은 사람이 이해할 수 없다(사 55:8~9; 롬 11:33~34). 그러나 그분

은 신뢰할 수 있는 분이시다. 사람이 얻을 수 있는 모든 지혜도 하나님의 길을 전적으로 신뢰해야 하는 것을 대신할 수 없다. 마음으로 번역된 히브리어는 사람의 감정을 뜻하지만(잠 12:25; 13:12; 14:10, 13), 지성(이해 [10:8], 인식[15:14], 숙고[15:28]와 같은)이나 의지(5:12)를 의미하는 경우도 많이 있다.

범사에 여호와를 신뢰하고 그분을 아는(이것은 단순한 인식이 아니라 하나님에 대한 깊은 지식) 사람은 하나님이 그의 **길을 지도하신다**는 것을 알게 된다. 길을 지도한다는 것은 단순한 안내를 뜻하는 것이 아니라 하나님이 장애물을 제거해 주시고, 삶의 여정을 평탄케 하거나 보다 낫게 하시고, 정해진 목표 지점까지 데려다 주시는 것을 뜻한다(길에 대해서는 17절과 2장 13~15절의 주해를 보라). 잠언의 가르침은 지혜를 추구하는 사람은 더 수월하고 문제가 별로 없는 삶을 살게 된다는 것이다(예, 3:10, 16, 24~25).

3. 여호와를 경외하고 자신을 지혜롭게 여기지 말라는 명령 (3:7~8)

3:7~8 지혜를 얻은 청년은 스스로 **지혜롭게 된 것이 아님**을 기억해야 한다. 지혜는 하나님으로부터 온다(2:6). 이런 인식은 3장 5절과 유사하다. 진심으로 하나님을 알려고 하고 그분께 바르게 응답하는 것(**여호와를 경외하는 것**. 참조, 1:7의 주해)은 교만의 악에서 떠나게 한다(참조, 롬 12:16). (악을 피하는 것에 대해서는 잠언 8장 13절, 14장 16절, 16장 6절, 시편 97편 10절을 참조하라.) 그 결과로 하나님이 **양약과 힘**을 주실 것이다(참조, 잠 4:22). 골수에 대해서는 잠언서에 여러 번 언급되었는데

(3:8; 12:4; 14:30; 15:30; 16:24; 17:22), 이것은 오늘날 잘 알려진 바와 같이 영적 건강이 육체적 건강과 관련이 있음을 보여 준다.

4. 여호와를 공경하고 제물을 아낌없이 드리라는 명령(3:9~10)

3:9~10 이스라엘에서 소산물의 처음 익은 열매로 여호와를 공경하는 것은 그분의 섭리에 대해 감사드리는 표현이었다(신 26:1~3, 9~11). 그것은 하나님과 그분의 도움을 인정하는 방법이었다(잠 3:6). 그리하면(참조, 4절) 창고가 가득히 차고(곡식으로) 포도즙 틀에 새 포도주가 넘칠 것이라고 하나님이 약속하셨다('새 포도주'로 번역된 티로쉬[tîrôš]는 '신선한 포도즙'을 뜻한다). 경건이 소득을 풍성하게 해 주고, 신앙이 번영을 가져다 준다는 것(참조, 2절; 신 28:1~4; 마 6:33)은 일반적인 진리이다. 그러나 잠언서에 이런 일반적인 진리가 반복해서 나타난다고 해서 하나님도 예외적인 일을 하실 수 없다는 의미는 아니다. 그렇지 않으면 하나님은 경외의 대상이 아니라 오히려 투자의 대상에 될 것이기 때문이다. 키드너(Derek Kidner)가 적절히 관찰한 바와 같이(*The Proverbs: An Introduction and Commentary*, p. 64), 3장 10절은 11~12절과 균형을 이룬다.

5. 여호와께 감사하고 그분의 징계를 오해하지 말라는 명령 (3:11~12)

3:11~12 장애물을 없애 주시고 정해진 목적지로 이끌어 주시며(5~6절), 물질적인 필요를 공급해 주시는 분(9~10절)으로 신뢰할 수 있는 하나님은 징계로 그분의 사랑을 나타내신다. 아들을 향한 경고(참조, 1, 21

절)는 두 부분으로 되어 있다. "여호와의 징계를 경히 여기지(무시하거나 거부하지) 말라"와 "그 꾸지람을 싫어하지(분개하거나 질색하지) 말라"(참조, 1:23의 주해; 욥 5:17; 히 12:5~6). 벌과 훈계를 받아들이는 것은 쉽지 않지만, 그것들은 하나님의 사랑 어린 관심을 나타내는 것이다. 자식에 대한 부모의 훈계 역시 마찬가지이다(참조, 신 8:15). 그런 징계를 싫어하는 것은(하나님은 고통 주기를 즐기기 때문에 징계하신다고 생각하는 것) 훈계로부터 오는 유익을 간과하는 것이다.

E. 지혜의 지고한 가치(3:13~20)

3:13~15 지혜가 복(참조, 18절; 시 1:1의 주해)을 가져다주지만 부는 언제나 복을 주는 것이 아니기 때문에(전 5:10~12), 지혜가 은, 정금, 진주와 같은 값비싼 보석보다 더 값진 것이다(참조, 잠 8:10~11, 19). '낫다', '이익이 낫다'(문자적으로는 '더 큰 수익을 올리다')라는 표현은 상인이나 투자자의 용어이다. 지혜가 그 소유자에게 돌려주는 것은 금이나 은으로 살 수 있는 어떤 것보다 더 가치가 있다.

3:16~18 여성으로 인격화된 지혜는 양손으로, 다시 말해 푸짐하게 베풀어 준다. 지혜는 그 **오른손**으로는 장수를(참조, 2절), 그 **왼손**으로는 **부귀**(은과 금으로 살 수 있는 것)와 **영예**(참조, 4절; 4:8; 8:18; 21:21; 22:4)를 준다. 지혜는 장수를 주는 것에 더하여(3:16, 2절의 주해를 보라), 즐거움과 **평강**(샬롬[שָׁלוֹם], 2절의 주해를 보라)이란 귀한 삶을 제공한다. 질적

인 면에서 고려되지 않은 장수는 복이라기보다는 오히려 저주이다. ('길'과 '지름길'에 관해서는 6절과 2장 13절, 15절의 주해를 보라).

삶의 질에 대한 언급이 잠언서에 자주 나타난다(3:22; 4:13, 22; 6:23; 8:35; 10:11, 16~17; 11:19, 30; 12:28; 13:14; 14:27; 16:22; 19:23; 21:21; 22:4). 장수와 열매 맺는 삶이 나무의 비유로 표현된다(3:18). **생명나무가 삶의 한 근원이었듯이**(창 2:9), 지혜도 삶의 한 근원이다(잠언서도 11장 30절, 13장 12절, 15장 4절에서 생명나무에 관해 언급한다).

3:19~20 하나님이 세상을 창조하실 때 **지혜, 명철, 지식**을 사용하셨다. 하나님이 이것들을 필요로 했다면 사람들에게는 더더욱 필요하지 않겠는가? 하나님의 창조와 그분의 지혜의 관계는 8장 22~31절에서 보다 상세히 논의된다.

F. 지혜의 가치: 관계를 바르게 세워 줌(3:21~35)

3:21 '내 아들'(참조, 1, 11절)이란 친숙한 단어는 가치 있는 것들을 붙들어야 한다는 권면을 내포하고 있다. 완전한 **지혜**는 2장 7절에도 나와 있다(그 구절의 주해를 보라). 근신(므짐매[מְזִמָּה]) 역시 1장 4절에서 나왔다. 3장 21절의 마지막 부분은 4장 21상반절과 같다.

3:22~26 이 구절들은 21절의 권고에 주의하는 자들에게 오는 일련의

유익들을 언급한다. 이 유익에는 **생명**(22절. 참조, 18절의 주해), **평안**(23절. 참조, 1:33; 2:7~8), 어려움을 피함(참조, 3:6), 안전한 **잠**(24절), 의지(25~26절), 악한 자들이 놓은 덫을 피함(참조, 1:15~18)이다. 3장 22절에 언급된 장수는 23~26절에서 매우 사실적으로 그려진 마음의 평안에서 기인할 수 있을 것이다.

3:27~35 각 구절이 "~ 말라"로 시작하는 27~31절을 포함하고 있는 이 부분은 다른 사람들과의 관계에 관한 다섯 개의 본보기 잠언들을 담고 있다. 이것은 지혜 있다는 것이 무엇을 의미하는가에 대한 예들이다. 그것은 세 가지로 분류될 수 있다(27~28, 29~30, 31~32절). (1) **받을 자에게 베풀기를 아끼지 말라**(27절)는 명령은 문자적으로 "좋은 것을 그 주인에게 주는 것을 피하지 말라"는 뜻이다. 품꾼에게 삯을 지불하는 것(레 19:13; 신 24:15)과 마찬가지로 이 책임도 반드시 지켜야 하는 것이다. 잠언 3장 28절은 27절의 관점을 강화하는 것처럼 보이지만, 가난한 자에게 관대하도록 그 생각을 확장한 것일 수도 있다. 이것이 '의롭게, 공평하게, 정직하게'(1:3) 행하는 것이다. (2) **이웃을 해하는 것**(3:29)은 신의를 저버리는 것이요, 더불어 다투는 것(30절)은 제9계명을 범하는 것이다(출 20:16). '해하다'는 히브리어 하라쉬(חָרַשׁ)의 번역으로, 원뜻은 '경작하다'이다. 밭고랑을 갈아 일구는 것처럼 계획을 생각해 내고 궁리한다는 개념이 여기에서 나왔다. 이 단어는 6장 14절, 12장 20절에서 '꾀하다', 6장 18절에서 '계교', 그리고 14장 22절에서 '도모하다'로 번역되었다. (3) 어떤 사람들은 **포악한 자**가 가진 돈과 그가 필경 즐길 것으로 생각되는 낙을 보면서 그를 **부러워한다**(3:31. 참조, 23:17; 24:1, 19). 그러나 하나님은 그런 것을 부러워하지 말아야 하는 네 가지 이유를 가르쳐 주신다. 첫

째, 정직한 자에게는 하나님의 교통하심이 있는(3:32) 데 반해 여호와께서는 그런 패역한(루즈[לוז]: 정도를 벗어난. 참조, 14:2) 자를 미워하신다. 둘째, 여호와께서는 악인을 저주하시지만 의인에게는 복을 주신다(33절). 셋째, 여호와께서는 겸손한 자에게 은혜를 베푸시지만(참조, 약 4:6; 벧전 5:5), 거만한 자들의 행위가 그들에게 부메랑 효과를 일으키게 하여 거만한 조롱자들을 비웃으신다(참조, 1:22의 주해). 넷째, 지혜로운 자는 영광을 받으나(참조, 잠 3:16) 미련한 자(크씰[כסיל]. 참조, 1:7의 주해)는 수치를 당한다. 이 구절들은 '정직한 자', '의인', '겸손한 자', '지혜로운 자'가 잠언서에서 기본적으로 동의어임을 보여 준다.

G. 지혜를 얻으라는 권고(4:1~9)

지혜를 얻으라는 권고가 1~9장의 몇몇 다른 구절들과 유사하다(1:8~9; 2:1~6; 3:1~2, 21~26; 4:10, 20~22; 5:1~2; 6:20~22; 7:1~3, 24; 8:32~36). 지혜는 생명을 주고(4:4) 보호해 주며(6절) 영화롭게(8~9절) 해 준다. 이 교훈은 그 영속적인 특성 때문에 확실하며 그것이 가져다주는 영화로움 때문에 가치가 있다.

4:1~2 아버지의 권고가 "들으라"는 명령으로 시작된다(참조, 1:8; 4:10, 20; 5:1, 7; 7:24). 보통은 '나의 아들'이 사용되었는데, 이 구절과 5장 7절, 7장 24절, 8장 32절에서는 복수 '나의 아들들'이 쓰였다. "주의하라"는 4장 20절, 5장 1절, 7장 24절, 22장 17절에서도 반복된다. 1장 8절, 3장 1

절, 6장 20절, 13장 14절처럼 이 구절에서도 **토라**(תּוֹרָה)가 법으로 번역되었다(참조, 1:8의 주해).

4:3~6 솔로몬은 그의 부모인 다윗과 밧세바가 그를 **가르치던** 어린 시절에 관해 말한다. 나중에 세 형제가 생겼지만(대상 3:5) 그때 그는 다윗과 밧세바의 외아들이었다. 잠언 4장 4~9절은 솔로몬의 아버지 다윗의 말을 인용한 것이다. 이러한 인용으로써 솔로몬은 아들들에게 교훈을 전해 주고 있다. 이곳에 언급된 세 세대는 신명기 6장 2절을 예증한다. 다윗은 어린 솔로몬에게 살기 위해서 그의 말에 전심으로(네 마음에. 참조, 잠 3:5) 순종하라고 강권했다(참조, 3:1~2). "내 명령을 지키라 그리하면 살리라"는 7장 2절에서 "내 계명을 지켜 살며"로 반복되어 나타난다.

아마 "지혜를 얻으라"는 격려에 영향을 받아 솔로몬이 하나님께 지혜를 구했을 것이다(왕상 3:5~14). 지혜가 우리를 보호해 주고(참조, 2:7~8, 11; 3:21~23) 지켜 주기 때문에 지혜를 추구해야 하고(솔로몬은 잠언 4장 5, 7절에서 "얻으라"고 세 번 말했다) 가치 있게 여겨야 한다("그를 사랑하라." 참조, 8:17, 21).

4:7~9 3장 13~15절에 진술된 것처럼, 어떤 것도 **지혜**에 비교할 수 없다. 그러므로 지혜가 제일이고, 그것을 얻기 위해서라면 모든 노력과 희생을 들일 만한 가치가 있다. 지혜가 인정받고 사랑받게 될 때(참조, 4:6) 영화(3:16)와 아름다운 관으로 묘사된(1:9) 매혹적인 삶과 영화로운 면류관(16장 31절에서 백발을 뜻하는)을 줄 것이다. 그 반대도 역시 암시되어 있다. 미련하고 지혜 없는 삶은 치욕스럽고 매력 없고 부끄러운 것이다. 솔로몬은 지혜와 어리석음을 다 경험했고 그 결과도 다 맛본 사람이다.

H. 지혜의 가치: 환난을 면케 함(4:10~19)

지혜(10~13절)와 악(14~17절)의 길이 언급되고, 아들은 다시 지혜를 따르고 악을 피하라는 권고를 받는다. 훈계는 양쪽 길의 귀결을 묘사하면서 18~19절에서 요약된다.

4:10~13 다시 한 번 솔로몬은 아들들 중 한 명에게("내 아들아." 참조, 20절), 아버지의 말씀에 주의하는 것이 그에게 **생명**의 해가 길어지는 선물을 줄 것이므로(3:2, 16; 9:11; 10:27; 14:27; 15:24) 들으라고(참조, 1, 20절. 1:8의 주해를 보라) 강권한다. **정직한 길**(4:11)은 제한받지 않는 길로써(참조, 3:6) 걷기에 보다 쉬운 길이다. 이 사상이 4장 12절에서 확대된다. **걸음이 곤고하지**(문자적으로 '좁아지거나 방해 받지', 즉 걱정거리가 없다는 뜻이다) 아니할 것이다. 삐뚤어지고 꾸불꾸불한 죄의 길은 문제투성이와 고초의 길이다(참조, 14, 18~19절의 '길.' 2:12~15의 주해를 보라).

지혜가 **생명**(참조, 10절)을 주기 때문에 그것을 간절히 구하라고 재차 권고한다(4:13. 참조, 5~7절).

4:14~17 악인의 길을 벗어나기 위해 따라야 할 여섯 가지 절박한 명령이 14~15절에 주어지고, 이 명령의 이유가 16~17절에 언급된다. 악인들은 언제나 악과 함께 살기 때문에 누군가에게 해를 끼치지 **않**으면 잠을 잘 수 없다(참조, 1:15~16). 죄는 그들의 일부분이며, 그들의 음식과 같다(떡과 술).

4:18~19 의인의 길, 그것은 '지혜의 길'(11절)인데, 아침에 돋는 햇살 같아서 크게 빛나 한낮의 광명에 이른다. 믿는 자는 그의 길을 비추는 빛 때문에 '정직한 길'(11절)로 갈 수 있고, '곤고하지'도 않고 '실족하지'도 않을 것이다(12절). 반대로 악인의 길은(참조, 14절) 깊은 어둠(아펠라[אֲפֵלָה]: 한밤중의 깊은 흑암. 참조, 7:9; 출 10:22)으로 규정되는데, 그것은 그를 넘어지게 한다.

I. 지혜의 가치: 건강하게 해 줌(4:20~27)

4:20~22 교훈을 듣고 주의하라는(참조, 1절; 5:1) 또 다른 권고로 이 단락이 시작된다. 저자의 말은(참조, 4:4; 2:1) 그 아들의 눈과(참조, 3:21) 마음속에 있어야 한다. 그것이 생명(참조, 4:10, 13, 23)과 건강(참조, 3:8)이 되기 때문이다.

4:23 마음(근원)으로부터 사람의 행위가 나오기 때문에(참조, 6:45) 그것(참조, 3:5의 주해)을 지켜야 한다. 여기서 '마음'은 정신적이거나 정서적인 능력 이상의 것을 뜻한다. 그것은 사람의 가치 기준까지 포괄한다(참조, 마 6:21).

4:24~27 이 구절들은 마음을 지키라는 명령(23절)을 구체적으로 적용하는데(6:17~18의 주해를 포라), 말하고(24절) 듣고(25절) 행하는 (26~27절) 것을 포함한다. 24절에서 **입**과 **입술**이 언급된 것은 마음과 말

의 관계에 관한 그리스도의 가르침(눅 6:45)과 비슷하다. '구부러진 말'은 이케쉬(עִקֵּשׁ : 구부러진)에서 나왔다(참조, 잠 2:15). 비뚤어진 말 또는 더러운 말(참조, 6:12)은 여호와를 의뢰하는 사람의 입술에서 제거되어야 한다(참조, 엡 4:29).

믿는 자는 눈(잠 4:25)의 초점을 지혜의 길(참조, 11절)에 두고, 그것에 집중하고 벗어나지 말아야 한다. 그가 **평탄한 길을 걷고**(참조, 11절 하) 악에 치우치지 않으면(참조, 15절; 1:15), 그의 행위는 의로울 것이다. 길(4:26)이 다시 사람의 행위를 언급하는 데 사용되었다(참조, 2:13, 15, 20; 3:6, 17; 7:25; 4:18~19의 '길', 8:20의 주해). "잠언서는 목표와 경로를 다 가르쳐 준다. 목표는 성공적인 삶이며, 경로는 지혜의 길이다"(Rovert L. Alden, *Proverbs: A Commentary on Ancient Book of Timeless Advice*, p. 48). 지혜가 의의 길로 걷도록 하지만(참조, 2:12), 여기서는 격려가 곧은길을 지키도록 해 준다.

J. 지혜의 가치: 간음을 피하게 해 줌(5장)

음녀의 위험성(1~6절), 간음의 최종 대가(7~14절), 배우자를 사랑하는 기쁨(15~20절)에 관한 특별한 교훈이 주어진다. 그러고 나서 죄란 궁극적으로 여호와와의 관계 문제(21~23절)라고 지적한다. 1장 14~19절에서처럼 5장은 죄의 찰나적인 쾌감에 비해 그것의 결과는 오랫동안 지속된다는 것을 묘사한다. 지혜 있는 자는 멀리 내다보는 사람이다.

5:1~6 잠언서의 다른 부분과 마찬가지로 이 장도 그의 아버지의 말에 주의하고 귀를 기울이라는(참조, 4:1, 10, 20; 5:7; 7:24) 권고로 시작된다. 그렇게 함으로써 근신(참조, 1:4)과 지식을 얻기 때문이다. **지혜**를 말하는 것(입술, 5:2)은 아들이 음녀(자라[זָרָה], 2:16의 주해를 보라)의 말(입술, 3절)을 무시하게 하는 데에 도움이 된다. 사람을 속이고 유혹하는 음녀의 말은 고대 이스라엘에서 가장 달콤한 **꿀**같이 달콤하고 가장 미끄러운 물질인 감람나무 기름보다 더 **미끄러워서**(참조, 6:24; 7:21) 사람들을 쉽게 유혹한다. 그러나 처음에 매혹적으로 보이는 것이 나중에는 쓰디 쓰고 날카롭게 된다. 간음에 연루되는 것은 가장 쓴 물질로 알려진(식물에서 추출한) 라아나(לַעֲנָה : 독성이 있는 것으로 알려진 물질. 개역성경에는 이 것이 '쑥'으로, NIV에는 'gall'[쓸개]로 번역됨)를 맛보는 것 같고, 두 날 가진 칼에 잘리는 것과 같다. 음녀는 사람을 사지(死地)로 이끈다(참조, 2:18; 7:27; 9:18). 그녀의 길이 4장 11절의 '정직한 길'(평탄한 길)과 달리 든든하지 못하여도 그녀는 죄 때문에 그 사실을 깨닫지 못한다.

5:7~8 솔로몬은 다시 그의 아들들에게(참조, 4:1의 주해) 그의 가르침을 들으며(참조, 4:1, 10, 20; 5:1; 7:24) 그가 말한 것을 붙들라고 강권한다. 그는 아들들에게 그의 가르침을 멀리하지 말고 음녀를 멀리하라고 강조한다. 음녀의 유혹에 굴복당할 위험 때문에 그들은 그녀의 집에 가까이 가는 것조차 금해야 했다(참조, 2:18).

5:9~14 음녀를 피하지 않으면 많은 것을 잃게 된다. 존영(건강이나 영예, 혹은 두 가지 모두를 포괄할 수 있다), 수한(壽限, 9절), 재물(6:26; 29:3)을 잃게 되고(음녀와 그녀의 남편에게 돈을 주어야 하고, 아이가 생

기면 부양해야 하기 때문에), 건강도 잃게 된다(5:11). 욕망에 사로잡힌 사람은 무리 앞에서 큰 악에 빠지고 치욕을 당할 것이라는 부모(여기에서는 선생)의 가르침을 무시한 잘못을 범했다는 사실을 너무 늦게 깨닫고 후회하게 될 것이다.

5:15~18 순결함에 대한 보상은 도덕적인 순결에 대한 더 큰 격려이다. 우물(보르[בוֹר]), 샘(브에르[בְּאֵר]), 샘물(마에노트[מַעְיְנוֹת]), 도랑(펠렉[פֶּלֶג]), 그리고 샘(므코르[מְקוֹר])은 물이 거리로 흘러가는 것을 막는다. 마찬가지로 아내와의 사랑(18절)은 자기의 샘을 즐기는 것으로 그려진다(참조, 아 4:12, 15). 성적인 욕구는 통제되고 결혼 안에서 표출되어야지, 잠언 5장 17~14절에 묘사된 것처럼 헛된 곳에 소모되어서는 안 된다. 17절의 '그물'에 대해서 어떤 주석가들은 그것이 아이들을 언급한 것이라 하고, 또 다른 주석가들은 계속해서 성적인 욕구를 비유한 표현이라고 주장한다. 자기 샘을 가지고 있는 사람이 남의 우물에서 물을 구하지 않는 것처럼(왕하 18:31), 남의 아내가 아니라 자기 아내로 말미암아 육체적인 욕구가 충족되게 해야 한다.

5:19~20 아내의 품은 쓰다듬기에 부드럽고 **암사슴** 같아 모양이 **아름답다**(참조, 아 4:5; 7:3). 그러므로 남편은 **아내의 사랑을 연모해야**(참조, 잠 5:20. 동사 샤가[שָׁגָה]는 '길을 잃다'를 의미한다. 참조, 21절. 그러나 또한 '붙들리다'라는 뜻도 가능하다) 하고, 음녀를 연모하지 말아야 한다. 저자는 두 개의 수사학적인 질문으로(20절) 부도덕한 여자를 **연모하는 것**(참조, 19절)과 남의 아내를 사랑하는 어리석음을 지적한다.

5:21~23 간음의 비참한 결과(7~14절)가 그것을 피하도록 동기를 부여했다. 그러나 그보다 더 확실한 동기 네 가지가 21~23절에 나온다. (1) 하나님이 **사람의 길을 보시기 때문에** (15:3; 욥 31:1,4; 히 4:13) 몰래 범한 간음도 **여호와께서** 다 아신다. (2) 하나님이 사람의 모든 **길을 평탄하게 하신다**('길'에 대해서는 잠언 4장 26절을 보라). 사람은 하나님의 세밀한 조사에서 달아날 수 없다. (3) 죄는 사람을 함정에 빠뜨리고(참조, 1:17~18) 줄처럼 묶는다(5:22). 그 사람은 그들이 원하는 죄에 '자유롭게' 되는 것에 관해 말하기를 좋아하지만, 실제로 죄는 자유를 박탈한다. (4) 도덕적 삶에 대해 훈계 받지 않으면(참조, 12절) 죽게 된다(참조, 5, 11절). 그런 삶은 사람을 혼미하게 해서 하나님의 기준에서 멀어지게 만들기 때문에 어리석은 것이다. '혼미하게 하다'는 19~20절에서 '연모하다'로 번역된 샤가(הגש)에서 온 것이다. 미련함은 잠언서에 21번 나타난다. 성적인 욕망에 굴복하는 것은 미련한 것이다.

K. 지혜의 가치: 가난을 피하게 해 줌(6:1~11)

솔로몬은 빈곤에 이르게 하는 두 실재, 즉 재정적으로 얽히게 되는 어리석음(1~5절)과 게으름(6~11절)에 대해 경고한다. 어떤 점에서는 두 가지 모두 재정에 관한 것이다. 전자는 불필요한 손실을 보호하는 것이고, 후자는 전혀 돈을 벌지 못하는 무능함을 경계하는 것이다.

1. 재정적으로 얽히게 되는 어리석음에 대한 경고(6:1~5)

6:1 '내 아들'은 6장 1, 3, 20절에 나온다. 만일 누군가의 빚에 대해 연대 보증인으로 서명을 했다면 채무자에게 가능한 한 빨리 채무를 해결하라고 재촉해야 한다("스스로 구원하라." 3, 5절). 이스라엘에서 대출은 오늘날처럼 큰 돈을 벌기 위한 거래가 아니라 동족 이스라엘 사람을 돕는 수단이었다. 이스라엘 동족은 이자를 내지 않았다(출 22:25; 레 25:35~37). 동족이 아닌 사람에게는 이자를 적용할 수 있었으나, 그 경우에도 폭리(비합리적으로 높은 이율)는 불법이었다. 과도한 이익은 율법이 금하려고 애쓴 불의를 야기했다(참조, 왕하 4;1; 느 5:1~11). 잠언 6장 1절의 경고는 빌리거나 빌려 주는 것이 아니라 다른 사람의 빚을 보증하는 것에 대한 것이다. 담보하는 것은 잠언서에 빈번하게 언급된다(11:15; 17:18; 20:16; 22:26~27; 27:13).

어떤 사람은 여기에 언급된 이웃이 '나그네'를 뜻하기 때문에 나그네가 아니라 친척을 위해서라면 보증을 서는 것은 괜찮다고 말한다. 그러나 '이웃'과 평행을 이루는 '타인'은 이 경고가 모든 사람의 빚에 대한 보증을 말하고 있음을 알려 준다('이웃'은 아마 '누구나 다'를 뜻할 것이다). 그렇다면 이 권고는 친척의 빚에 대한 지불 보증에 관해 경고하는 것인가? 그렇지 않다. 이것은 과도한 이율의 빚에 대한 제한으로 보인다.

보증하는 것은 손을 흔드는 것과 같은 어떤 동작이다. 그것은 '점선 위에 서명하는 것'과 같다.

6:2 얽히고 잡혔다는 말은(참조, 5절) 아들이 높은 이자의 빚에 대한 책임을 떠안음으로써 그가 재정적으로 감당할 수 없는 위기 상황에 처하게

되었음을 시사해 준다(참조, 3절). 그런 빚의 보증에 대해 **입의 말로** 동의하는 것도 심각한 어려움을 가져올 수 있다.

6:3~5 솔로몬은 다른 사람의 빚에 대해 보증을 선 사람은 그 올가미에서 벗어나도록 해야 한다고 강하게 촉구했다. "네 이웃의 손에 빠졌다"는 것은 그 상황의 결말이 이웃에게 달려 있다는 뜻이다. '겸손히'는 '자신을 짓밟다, 자신을 낮추다'라는 뜻을 가진 강한 용어이다. 그리고 '간구하여'는 거칠고 난폭하게 되는 것을 암시한다. 과도한 겸손과 불쾌한 탄원을 해서라도 빚의 보증에서 스스로를 구원해야 한다. 이 강권은 4~5절에서 강조된다. 아무것도 걸림돌이 되어서는 안 되고, 상황이 해결되기 전에는 하룻밤도 그냥 보내면 안 된다. 노루와 새가 그물에 걸렸을 때 살기 위해 즉시 몸부림치는 것처럼 어리석은 빚 보증에 얽매인 사람은 그것에서 자신을 구원하기 위해 미친 듯이 싸워야 한다(참조, 3절).

2. 게으름에 대한 경고(6:6~11)

6:6~8 사람은 어리석은 조치에 의해서는 물론 게으름 때문에도 빈곤해질 수 있다. 솔로몬이 그의 아들을 향해 "게으른 자여"라고 말하지는 않았을 것이다. 그는 교훈을 듣거나 읽고 있을지 모르는 누군가에게 수사학적으로 말하고 있는 것이다. '게으른 자'로 번역된 아첼(lce[')은 구약성경에서 잠언서에만 14번 나오고 다른 곳에서는 나오지 않는다. 그것은 게으름 이상의 의미를 가진다. 게으른 자는 15장 19절에서 '정직한 자'와, 21장 25~26절에서 '의인'과 대조되고 있다. 게으른 자는 19장 15절에서 '나태한 자'와 관계된다. 게으르고 무책임한 사람은 개미(30장 25절에도 언

급됨)에게서 배워 **지혜를** 얻으라는 도전을 받는다. 부지런하다고 알려진 개미는 솔선해서 일하는 태도 때문에 여기서 칭찬받는다. 분명히 개미에게는 지도자가 없다. 그들에게 명령을 내리는 **두령도 없고**, 그들의 일을 감시하는 **감독자도 없고**, 그들을 움직이게 하는 **통치자도 없다**. 그러나 그들은 지도자가 있는 사람들보다 더 열심히 일하지 않는가! 또한 개미는 미래의 필요를 예상해서 일한다. 겨울이 오기 전 따뜻한 때에 양식을 모으고 저장해 놓는다. 지혜의 효력은 바삐 일하게 만드는 데 있는 것이 아니라 장차 닥쳐올 필요를 적절히 대비해서 행동하도록 만드는 데 있다(참조, 10:5). 명령을 받아야만 일하는 자는 지혜를 소유하지 않은 자다.

6:9~11 솔로몬은 두 가지 질문으로써(9절) 게으른 자에게 일어나서 일을 시작하라고 몰아세운다. 10~11절은 24장 33~34절에서 반복되는데, 일해야 할 때도 계속해서 조는 사람의 위험성을 지적한다. **빈궁이** 경계심을 갖지 않고 있는 대상을 급히 공격하는 강도와 **군사**같이 급작스럽게 임할 것이다. 빈궁은 잠언서에 자주 언급된다(6:11; 10:15; 11:24; 13:18; 14:23; 21:5; 22:16; 24:34; 28:19, 22; 30:8; 31:7). 게으른 사람은 시간을 낭비하기 때문에 그의 상황을 개선할 수 없고, 필요한 돈을 벌 수도 없다. 그런 사람은 당연히 지혜롭지 못한 자다.

L. 지혜의 가치: 불화를 피하게 해 줌(6:12~19)

솔로몬은 다른 사람을 속이고 분쟁을 일으키는 사람(12~15절)과 그런 사람의 행위(16~19절)를 묘사함으로써 재앙(15절)과 하나님이 미워하시는 것(16절)을 피하라고 그의 아들에게 강조한다.

6:12 '불량하고 악한 자'는 12~15절에 사용된 단수동사를 통해 분명히 알 수 있듯이, 한 사람에 대한 언급이다. '불량한 자'(참조, 16:27; 삼하 16:7; 왕상 21:10)는 문자적으로 '벨리알(벨리야알[בְּלִיַּעַל])의 사람', 무가치하고 악한 사람이다. **벨리야알**은 후에 악마, 가장 무가치하고 악한 사람에게 사용되었다(고후 6:15). 불량한 자는 **구부러진**(잠 2:5의 주해를 보라) 말(참조 4:24), 사람을 속이는 거짓된 말로 알 수 있다.

6:13~14 불량한 자의 행위는 사악한 몸짓에 의해 그가 말한 것과 모순된다. 그는 눈짓(참조, 10:10; 16:30; 시 35:19)과 발과 손가락을 이용한 몸짓으로 공모자에게 신호를 보낸다. 그는 그의 의도가 나중에라도 알려지지 않도록 속이는 **마음**으로 악행(참조, 1:11~14)을 꾀한다(잠 3:29의 주해를 보라). 그가 진실을 가장할지라도 뒤에서는 악을 꾀하고, **다툼을** 일으키고, 다른 사람들도 알력과 분쟁 속으로 끌어들인다. 다툼(참조, 6:19)은 미움(10:12)과 난폭한 기질(15:18), 패역(16:28), 탐욕(28:25), 분노(29:22)에서 생긴다. (다툼에 대해서는 17:1; 18:6; 20:3; 22:10; 23:29; 26:21; 30:33을 보라).

6:15 불량한 자는 속이는 말과 사악한 몸짓으로 사람들 가운데 불화를 일으킬 뿐 아니라 자신에게 **재앙**을 불러들인다. 어떤 방법으로도 그것을 상쇄시키지 못하기 때문에(살릴 길이 없으리라) 그것은 갑자기 들이닥친다(갑자기, 당장에). 자연적인 결과인지 직접적인 신의 개입인지 확실하게

말할 수 없다. 그러나 그의 몰락은 급하고 완전하며 확실하다.

6:16 여호와께서 불량한 자의 행위(12~14절)를 미워하신다는 것이 16~19절에 기술되어 있다. 이 두 단락은 공통적으로 '다툼을 일으키는'(이간하는)이란 말이 포함되어 있어서 서로 연결된다(14, 19절).

'예닐곱'이란 표현은 욥기 5장 19절에도 사용되며('여섯 가지 … 일곱 가지'), 잠언 30장 15~16절, 18~19절, 21~31절에서도 유사한 표현이 사용된다('서넛'). 이러한 표현을 사용하는 목적은 완전한 목록을 나열하려는 게 아니다. 마지막 항목이 앞의 항목들의 절정 혹은 결과임을 강조하려는 것이 목적이다.

6:17~19 교만한 눈(즉 거만한 태도. 참조, 8:13; 30:13; 시 18:27; 101:5)과 **거짓된 혀**(참조, 잠 12:19; 21:6; 26:28)와 **무죄한 피를 흘리는**(살인하는. 참조, 1:11) 손과 악한 계교(참조, 4:16; 6:14)를 꾀하는(3:29의 주해를 보라) 마음과 빨리 악으로 달려가는 발(참조, 1:16)을 가진 자, 또한 법정에서 증언할 때 **거짓**을 말하는 자(참조, 12:17; 14:5, 25; 19:5, 9; 21:28; 25:18)는 친구들 **사이**를 이간하는 자이다(6:14의 주해를 보라). 그의 거짓말 때문에 친구들이 서로 의심하게 된다. 거짓말은 하나님이 미워하는 것들의 목록에 두 번 언급되는데(17, 19절), 잘못 사용된 말에 대해 잠언서에서 책망하는 것 가운데 하나이다(도표 "말에 관한 잠언서의 가르침"은 말을 악용한 사례와 바른 용례를 주제별로 정리해 놓았다. 잠언서의 다른 주제에 대해서는 서론의 도표 "잠언서에 나타난 주제들"을 보라).

이 단락에 나열된 것처럼, 불량한 자(12절)는 자신의 몸의 여러 부분, 즉 마음, 입, 입술, 눈, 발(4:23~26), 입, 눈, 발, 손가락, 마음(6:12~14),

눈, 혀, 손, 마음, 발(17~18절) 등으로 4장 23~26절에 언급된 명령을 범한다.

말에 관한 잠언서의 가르침	
잘못된 말	올바른 말
A. 거짓말 / 6:16~17상; 10:18상; 12:19, 22상; 17:4하, 7; 19:5하, 9하, 22하; 21:6; 26:28상 B. 중상모략 / 10:8하; 30:10 C. 비방 / 11:13; 16:28하; 17:9하; 18:8; 20:19; 26:20, 22 D. 말이 많음 / 10:8, 10하, 19; 17:28; 18:2; 20:19하 E. 거짓 증거 / 12:17하; 14:5하, 25하; 19:5하, 28상; 21:28; 25:18 F. 조롱 / 13:1하; 14:6상; 15:12; 17:5상; 19:29상; 21:11상; 22:10; 24:9하; 30:17 G. 거친 말(패역한 말, 분별없는 말, 거친 말, 악한 말, 교활한 말) / 10:31; 12:18상; 13:3하; 14:3상; 15:1하, 28하; 17:4상; 19:1, 28하 H. 자랑하는 말 / 17:7상; 20:14; 25:14; 27:1~2 I. 말다툼 / 13:10; 15:18; 17:14, 19; 19:13; 20:3; 21:9, 19; 22:10 25:24; 26:17, 20~21; 27:15 J. 속임 / 7:19~20; 12:2; 15:4하; 25:23 K. 아첨 / 26:28하; 28:23; 29:5 L. 어리석은 말 / 14:7; 15:2하, 7~14; 18:6~7	A. 격려의 말 / 10:11상, 20상, 21상; 12:14상, 18하; 15:4상; 18:4, 20~21 B. 지혜로운 말 / 10:13상, 31상; 14:3하; 15:2상, 7상; 16:10, 21하, 23하; 20:15 C. 절제된 말 / 10:19; 11:12하; 13:3상; 17:27상 D. 알맞은 말(친절한 말, 적절한 말, 즐겁게 하는 말) / 10:32상; 12:25; 15:1상, 23:16, 24; 25:11, 15 E. 진실한 말 / 12:17상, 19상, 22하; 14:5상, 25상 F. 꼭 필요한 말 / 13:3상; 15:28; 16:23상; 21:23

M. 지혜의 가치: 성적인 부도덕을 피하게 해 줌(6:20~7:27)

솔로몬은 1~9장에서 성적인 부도덕에 관해 5차례(2:16~19; 5:3~23;

6:20~35; 7장; 9:13~18) 이야기한다(9장 13~18절이 간음이나 음녀를 언급하지 않지만, 여자로 인격화된 미련함이 간음과 연관된 사람을 암시하는 것일 수도 있다. 그 단락의 주해를 보라). 잠언 6장 20~35절은 간음에 대해 경고하고, 7장은 음녀가 유혹하는 방법과 그 유혹에 넘어간 결과를 자세히 설명한다.

1. 간음으로부터 보호해 주는 지혜(6:20~35)

6:20~21 다시 한 번 솔로몬은 아들(참조, 1장 8절의 '내 아들'에 관한 주해)에게 아버지와 어머니의 교훈(참조, 1:8)에 주의하고 그것을 마음에 새기며(6:21. 참조, 3:1; 7:3) 그것으로 삶을 꾸미라고(6:21; 5:3, 22; 7:3) 권고한다.

6:22~23 부모의 교훈은 자녀를 인도하고 보호하며(참조, 2:11) 조언을 해 준다(6:22). 부모의 **명령**도 하나님의 말씀처럼 사람의 행위를 인도하는 **등불과 빛**(시 119:105)과 같기 때문에 그 가르침은 하나님의 율법에서 비롯되어야 한다. **훈계**(참조, 잠 1:2, 7)는 고통스럽기도 하지만(참조, 히 12:11) 사람을 **생명의 길**로 인도하고 바른 길에서 떠나지 않게 해 준다.

6:24 부모가 가르친(20~23절) 하나님의 말씀으로 얻은 지혜는 자녀를 간음으로부터 보호한다(2:12, 16~19). 악한 여인(미혼으로 추정되는)은 6장 26절에 언급된 음녀일 것이다. 이방 여인(참조, 2:16; 7:5; 23:27)은 성적으로 문란한 기혼 여성을 가리킨다(참조, 6:29의 '남의 아내'). 26절에서는 그녀를 '음란한 여인'이라고 불렀지만, 문자적으로는 '한 남자의 아

내'란 뜻이다. '이방 여인'으로 번역된 노크리야(נָכְרִיָּה)에 관해서는 2장 16절의 주해를 보라. 그런 여인들은 **호리는 혀**를 가졌다. 그들은 매혹적으로 말한다(참조, 2:16; 5:3; 7:5, 21).

6:25 이 구절은 경고인데, 26~29, 32~35절이 이 경고의 이유다. 결혼을 했든지 안 했든지 육체적으로 매혹적이고 성적으로 문란한 여자를 마음에 탐하는(참조, 3:5; 4:23의 주해) 것은 잘못된 것이다. 예수님도 비슷한 말씀을 하셨다(참조, 마 5:28). 간음죄에 빠지는 사람들은 보통 음탕한 시선에서부터 시작한다. 남자가 그런 여자를 본다면, 그녀는 유혹하는 **눈**으로 그를 **홀리려** 할 것이다.

6:26 부도덕은 대가를 요구한다! 음녀(7:10; 23:27; 29:3)는 남자를 철저한 가난에 빠지게 만들 수 있다. 그녀를 위해 돈을 다 쓰고 **한 조각 떡**만 남게 하는 것이다(참조, 29:3). 음란한 여인(6장 24절에는 '이방 여인.' 그 구절의 주해를 참조하라)은 사람의 **귀한 생명**을 사냥한다. 즉 그에게 멸망과 죽음을 가져다준다(참조, 2:18~19; 5:5, 14; 7:22~23, 26~27).

6:27~29 성적인 부정함의 대가 가운데 하나가 26절에, 또 다른 대가는 27~35절에 진술되어 있다. 비참한 이 결과들은 확실하고(27~29절) 가혹하기까지 하다(30~35절). 불을 품에 품으면 **옷이 타지** 않을 수 없듯이, **숯불을 밟으면 발이 데지** 않을 수 없는 것처럼, 남의 아내와 통간하는 자는 해를 입기 마련이다. 불법적인 성관계는 마치 불놀이 하는 것과 같지 않은가! 그런 사람은 벌을 받는데, 아마 그 여자의 남편에게 벌을 받을 것이다(참조, 34절).

6:30~31 도둑이 굶주림을 면하려고 도둑질을 하면 사람들이 그를 동정할 것이다(그렇다고 묵인되지는 않는다). 그러나 그는 (26절의 한 조각 떡만 남은 사람과 비슷하게) 남아 있는 게 하나도 없더라도 7배로 갚아야 한다. 하지만 도둑이 받는 벌은 간음한 자가 받는 벌보다는 훨씬 가벼울 것이다. 남의 아내를 '훔치는' 자에게는 용서도, 자비도 없다.

6:32~35 간음에 연루되는 자는 자신의 어리석음을 보여 주는 것이다(7:7; 9:4, 16). 가혹한 결과가 따르게 되는 것을 알면서도 계속 죄로 나아가기 때문이다. 그는 **자기 영혼을 망하게 한다**(참조, 6:26; 신 22:22). 간음은 일종의 '자살'이다. 그는 또한 능욕(凌辱)과 부끄러움을 당하게 된다. 도둑과는 달리(잠 6:30) 간음한 자는 멸시를 받게 된다. 게다가 모든 사실을 알게 된 여인의 남편이 분노하여(참조, 27:4) 간음한 자에게 원수를 갚을 것이다(그는 자기 아내보다는 자기 아내와 간음한 남자를 더 비난할 것이다). 아무리 많은 뇌물을 준다고 해도 그런 남편의 화를 가라앉힐 수 없다. 뇌물은 잠언(6:35; 15:27; 17:8), 율법서(출 23:8; 신 16:19; 27:25), 그리고 그 외의 곳에서(예, 욥 36:18; 시 15:5; 전 7:7; 사 33:15) 금하고 있는 것이다.

2. 음녀로부터 보호해 주는 지혜(7장)

6:20~25에서 걱정하는 아버지가 간음의 비극에 관한 교훈의 말씀을 주었다. 7장에서는 어리석고 순진한 청년이 어떻게 유혹하는 여자에게 미묘히 넘어가는가를 극적으로 진술한다. 솔로몬은 그의 아들에게 아버지의 가르침(1~5절)에 주의하라고 권고하며 음녀의 계교를 서술하고

(6~23절), 그녀의 올가미를 조심하라는 경고(24~27절)로 끝맺는다.

a. 아버지의 교훈(7:1~5)

7:1~2 7장은 솔로몬이 그의 아들('내 아들'에 대해서는 1:8의 주해를 보라)에게 부모의 가르침을 듣고, 받아들이고, 그 가르침에 따라 살라고 요청하는 것으로 시작된다. 이 교훈은 아버지의 말(참조, 2:1; 4:4~5, 20; 5:1), 계명(참조, 2:1; 3:1; 4:4; 6:20, 23; 7:2), 법(참조, 1:8; 3:1; 4:2 6:20, 23)을 포함하고 있다. 그것들이 주는 도움 때문에 아들은 그것을 보물과 같이 **지키고**(keep. 참조, 3:1; 4:4, 21; 6:20) 간직하며(참조, 2:1; 10:14) **지켜야**(guard) 한다. 그렇게 하면 풍성하고 뜻있는 삶을 누리게 될 것이다 (3:18; 4:4; 8:35). '네 눈동자'(이숀 에네카[אִישׁוֹן עֵינֶיךָ])에서 이숀은 문자적으로 사물의 중심을 뜻한다. 7장 9절에서 그것은 한밤중, 즉 깊은 흑암을 나타낸다. 눈의 중심인 눈동자(참조, 신 32:10; 시 17:8)는 인체의 노출 기관 중에서 가장 민감하고 조심스럽게 보호해야 할 곳이다.

7:3 5장 5절에서 아들은 아버지의 가르침을 그의 목에 매라는 권고를 받았다. 이 구절에서는 반지처럼 손가락에 그것을 매라는 권고를 받는다. 그는 3장 3절에서와 같이 그의 마음에 **그것을 새겨야** 한다(참조, 6:21).

7:4~5 구약 시대에 누이는 절친한 친족으로 생각되었다. 그러므로 '누이'는 때때로 아내와 동의어로 사용되기도 했다(참조, 아 4:9~10, 12; 5:1~2). 사람은 누이나 아내와 친밀한 관계를 맺는 것처럼 지혜와 친밀해야 한다. **명철**(참조, 잠 2:2)의 경우도 마찬가지다. 명철은 **친족**(참조, 룻

3:2)과 비교된다. 사람은 친족과 친밀한 것처럼 명철과 가까워져야 한다. 잠언서에서 자주 동의어로 등장하는 지혜와 명철은 청년을 음녀와 말로 호리는(참조, 6:24; 7:21) 이방 여인(잠 2:16; 6:24의 주해를 보라)에게 빠지지 않게 한다. '호리는'은 5장 3절의 '미끄러운'과 연관된다.

b. 희생자의 순진함(7:6~9)

6~23절은 사건의 전말을 본 사람의 증언처럼 기록되어 있다. 14~20절에 기록된 대화는 솔로몬이 자신의 경험이나 다른 사람의 경험을 바탕으로 재구성한 것일 수도 있고, 그 일을 겪은 젊은이에게 들은 이야기를 언급한 것일 수도 있다. 아마 솔로몬이 창문 안에서 그들이 대화하는 것을 실제로 듣지는 않았을 것이다.

7:6~9 솔로몬이 들창 밖을 내다보고 있을 때, 그는 **어리석은**(프티[פֶּתִי]: 순진한, 속기 쉬운. 1:4의 주해를 보라) 자들 몇 명을 보았는데, 그 젊은이들 중 **지혜 없는 자** 한 사람(참조, 6:32; 9:4, 16; 10:13)을 보았다. 이것은 그의 우둔성이나 성적인 욕망이 아니라 순진함을 지적하는 것이다. 음녀의 집 쪽으로 갔다는 것이 그가 의도적으로 그곳에 갔다는 뜻은 아니다. 그러나 그는 그 여자가 그곳에 사는 것을 알았을 것이다. 그는 **저물 때**, 어두워지는 저녁에 유혹이 있는 곳으로 가고 있었다. **밤 흑암**은 문자적으로 '한밤중'을 뜻한다. 로버트 앨던(Robert L. Alden)은 다음과 같이 말했다. "악마를 피하고 싶으면 그의 근처에 머물지 말라. 특정한 죄에 약할지 모른다는 의심이 든다면 즉시 그것을 피하라"(*Proverbs: A Commentary on an Ancient Book of Timeless Advice*, p. 63).

c. 유혹하는 여인의 특징(7:10~12)

7:10~12 여인이 쉽게 걸려들 것 같은 젊은이를 맞으러 나갔다. 이 여인은 결혼한 여인이었다(19절). 그녀는 (a) 부끄러움을 모르는 옷차림을 하고 있고(기생같이 유혹하는 옷을 입었다), (b) 간교하고('간교한'은 문자적으로 '마음에 비밀을 간직한'을 뜻한다), (c) 떠들며(참조, 9:13), (d) 하나님의 법과 결혼서약에 완악하고, (e) 나돌아 다니고, (f) 은밀히 행한다(거리에 숨어서 기다린다).

d. 유혹하는 여인의 수법(7:13~20)

7:13~14 그 여인은 갑자기 포옹하고 입을 맞추고 몸짓으로(부끄러움을 모르는 얼굴로) 젊은이에게 말을 건네서 그를 깜짝 놀라게 한다. 집에서 드린 화목제와 서원에 대한 언급은 아마 그녀가 남은 고기로(레 7:16~17) 드린(물론 위선적으로) 제사를 말하고 있는 것 같다. 제물을 바친 자가 희생제물의 어떤 부분들을 집에 가져갈 수 있었는지는 의문이다. 고기는 냉장할 수 없었으므로 바로 다 먹어야 했다. 그래서 절기 때는 보통 연합해서 제사를 드렸다. 그러나 그녀의 종교적 행위는 겉치레일 뿐이었고, 그녀가 해 온 악행의 의도를 숨기려는 노력에 불과했다.

7:15~18 그녀는 아첨을 떨어 그를 부추기며(15절), 침실의 매혹적인 모습을 묘사함으로써 그를 꾀려고 했다. 침상에 편 **이불**(에툰[אֵטוּן])은 이집트에서 수입된 것이다(정교하고 비싼 것으로 여겨진다). 그녀는 침상에 몰약, 침향, 계피를 뿌려 향기가 나게 했다(아가서 4장 14절의 향에 관한 주

해를 보라). 아침까지 흡족하게 서로 사랑하자(문자적으로 '아침이 될 때까지 사랑을 깊이 마시자' – 역자 주)라는 제안에서 성교와 샘물(참조, 잠 5:18; 아 4:12, 15)을 연결하는 어법을 발견할 수 있다.

7:19~20 그 여자는 남편이 사업상 여행 중에 있고, 보름 후에나 집에 돌아올 것이기 때문에 남편에 대한 정조를 지키지 않아도(참조, 2:16~17) 남편(문자적으로는 '그 남자')에게 발각될 염려가 없다고 그 소년을 안심시키려 했다.

e. 유혹당하는 자의 반응(7:21~23)

7:21~23 젊은이는 그녀의 고운 말, 유혹하는 말, 호리는 말(참조, 5절; 2:16; 5:3)에 저항하지 못하고 즉각(곧) 그녀를 따라 집안의 침실로 들어간다. 그는 자신이 궁지에 빠지는지를 전혀 모른 채 도수장으로 끌려가는 말 못하는 짐승(소)과 같았다. 또한 올가미(쇠사슬)에 매이러 가는 미련한 자(NIV는 시리아역을 따라 '사슴'[deer]으로 번역함) 같았다. 이 구절은 번역하기 어려운데, "미련한 자를 교정하기 위한 차꼬같이"로 옮길 수 있을 것이다. 그는 발에 차꼬를 찬 어리석은 자같이, 교정 교육을 위해 붙잡힌 자같이 붙들린바 될 것이다. 또한 갑자기 화살을 맞은 짐승같이, 그물에 붙잡힌 새같이 죽음에 붙잡히게 될 것이다. 그는 이런 위험성을 잊고서 달아날 어떤 방도도 없는 함정에 빠져 버렸다. 그는 이 유혹에 (요셉처럼. 참조, 창 39:6~12) 항거하지 못하면 생명을 잃어버릴 줄(참조, 잠 6:32)을 깨닫지 못하고 빠져들고 말았다.

f. 아버지의 마지막 권고(7:24~27)

7:24~25 '이제'는 앞 절들에 근거한 아버지의 권고를 이끄는 역할을 한다. 아버지 솔로몬은 4장 1절, 5장 7절처럼 "내 아들들"(복수)이라고 부르면서 다시 주의 깊게("주의하라." 참조, 4:1, 20; 5:1; 22:17) 들으라(참조, 1:8)고 강권했다. 그는 마음이(참조, 4:23의 주해) 그녀에게 치우치지(상상이나 환상에서) 못하게 하고, 그녀 근처에 가지 않음으로써(7:25) 음녀를 피하라고 그들에게 충고한다. '치우치다'는 히브리어 사타(שׂטה)의 번역으로, 구약성경에 6번 나온다(4:15; 7:25; 민 5:12, 19~20, 29). 미혹되지(25절)는 타아(תעה)의 번역으로, '방황하다'라는 뜻이다. 분명히 그 젊은이는 유혹하는 여인의 집 근처에 가서(치우치고) 어슬렁거렸기 때문에(잠 7:8) 스스로 곤궁에 빠져든 것이다.

7:26~27 24~25절의 권고 이유가 26~27절에 설명되어 있다. 많은 사람이 이 유혹에 희생되어 왔다. 그녀의 집에(그리고 그녀와 침상에) 함께 있는 것은 자신을 스올의 길과 사망의 방에 데려다 놓는 것이다(2:18~19; 5:5; 9:18). 부정한 성관계에 연루된 그 젊은이는 화가 난 남편의 복수 때문에, 혹은 가난이나 성병이나 영적, 정서적 번민 때문에 죽게 될 것이다.

N. 지혜의 미덕과 보상에서 드러난 지혜의 가치(8:1~21)

선생 솔로몬은 지혜를 여자로 인격화하여 그녀의 초대(1~5절), 그녀의 미덕(6~11절), 그녀가 주는 보상(12~21절)에 관해 말한다.

1. 지혜의 초대(8:1~5)

8:1 지혜의 공적인 초대는 두 개의 수사의문으로 시작된다. 음녀는 젊은 이를 유혹하려고 길로 나갔다(7:8~12). 그러나 **지혜**는 정숙한 여인처럼, 그것을 받아들일 모든 자에게 도움을 주고 있다(참조, 지혜가 소리 지름 [1:20~22]). 유혹하는 여인을 특징짓는 덕의 결핍은 신뢰할 만한 지혜의 태도와 대조를 이룬다. 유혹하는 여인의 길은 유혹하고 속이는 것임에 반해, 지혜의 길은 열려 있고 정직하다. 음녀에게 굴복하는 자는 부끄러움과 죽음을 당하게 되지만, 지혜를 따르는 자들은 지혜 있는 삶을 위한 분별력을 얻게 된다.

8:2~3 지혜의 부름은 그것을 들을 수 있는 곳, 그리고 사람들이 많이 다니는 높은 곳, 길가, 사거리, 성문(재판과 상거래가 이루어지는 곳)과 문어귀에서 행해진다.

8:4~5 4~31절에서는 지혜(나)가 말하다. 그녀는 모든 **사람들**을 초대한다; 지혜는 누구에게나 유용하다. 그러나 그녀는 특별히 어리석은 **자**(프티 [פֶּתִי]. 1:4의 주해를 보라)와 **미련한 자**(크씰[כְּסִיל]. 1:22의 주해를 보라)를 부른다. 그녀가 가장 필요하지만 그녀의 초대를 가장 무시할 것 같은 자들이 바로 그들이다. 음녀와 지혜 모두 순진한 자에게 호소한다. 지혜는 어리석은 자에게 명철(오르마[עָרְמָה]. 1:4의 주해를 보라. 참조, 8:12), 삶에 대한 분별력, 탈월한 감각을 얻으라고 권한다. 그리고 미련한 자들에

게는 밝은 마음(참조, 1:2, 6), 통찰력, 날카로운 분별력을 얻으라고 강권한다.

2. 지혜의 미덕(8:6~11)

8:6~9 지혜의 정직성과 완전성이 6~11절에 언급되어 있다. 솔로몬에게 가르침을 받고 있는 젊은이들은 지혜의 말을 들어야 한다(6절, 권고). 왜냐하면 지혜가 말하는 것이 옳기 때문이다(7~9절, 이유). 젊은이는 지혜를 택한다(10절, 권고). 왜냐하면 그 큰 가치 때문이다(11절, 이유). 지혜가 말한다: **입술**(6절하), **입**(7절상), **입술**(7절하), **입**(8절상)이 교대로 언급된다. 그녀는 **선한**(문자적으로 '점잖고 기품 있는') 것을 말한다. '선한'으로 번역된 단어는 사무엘하 15장 3절과 이사야 30장 10절과 같이 '바른'으로도 번역될 수 있다. 이는 지혜의 말이 사실과 같다는 개념을 말해 준다. 그러므로 지혜의 말은 **정직하고**('올바른, 곧은'의 뜻. 잠언 8:9), **진실하며**(진리), **의롭다**(참조, 1:3; 8:15, 20). 그러므로 지혜의 말 가운데 어느 것도 **굽었거나 패역한 것**(이케쉬[עִקֵּשׁ], 2:15의 주해를 보라)이 없다. 그것은 바른 방향을 지시해 준다. **총명 있는 사람들**(8:9)은 지혜가 주는 것이 **옳은**('올바른, 정직한') 것을 알고, **지식 얻은 자**는 지혜의 말이 **정직한**(문자적으로 '똑바른, 곧은') 것을 알게 된다.

8:10~11 지혜는 은이나 **정금**(하루츠[חָרוּץ]. 참조, 19절)이나 진주(참조, 3:13~15)를 받기보다 **훈계와 지식을** 받으라고 계속 권한다. 지혜의 가치가 물질적 부유함을 뛰어넘는다는 사상이 8장 18~21절에 상술되어 있는데, 지혜는 부를 획득하고 평가하기 위해 필요한 것을 마련해 준다. 또한

지혜는 은이나 금이나 진주가 줄 수 없는 정직함과 평화를 준다. 이러한 특성들은 돈 주고 살 수 있는 어떤 것보다 큰 가치가 있다.

3. 지혜가 주는 보상(8:12~21)

인칭대명사를 많이 사용한 것('나, 나의, 내게, 나를'과 같은 대명사가 이 단락에 16번 나옴)은 지혜가 주는 보상이 아니라 지혜 자체에 주목하도록 한다.

8:12~13 지혜를 가진 사람은 **명철**(1:4의 주해를 보라. 참조, 8:5)과 **지식과 근신**도 가지게 된다. 1장 4절에는 이 세 가지가 다 들어 있다(개역성경에는 **명철**이 '슬기롭게'로 번역됨). 어떤 학자들은 8장 13절이 12절과 14절의 연결을 방해한다고 주장한다. 그러나 13절은 분별 있고 사려 깊은 (12절) 삶은 악덕과는 어떤 식으로도 관계하지 않음을 상기시키는 역할을 한다. 13절은 지혜가 정신적인 것은 물론 도덕적인 것임을 보여 준다. 여호와를 경외함으로(1:7의 주해를 보라) 지혜 있는 자는 악(참조, 3:7; 14:16; 16:6; 시 97:10)과 교만과 거만과 악한 행실과 패역한 말을 미워할(거부할) 것이다. '패역'(타흐푸카[תַּהְפֻּכָה])은 잠언서에서 8번 사용되었다(참조, 2:12의 주해).

8:14~16 지혜는 사람들에게 **계략과 참 지식과 명철**(통찰력)**과 능력**(즉 용기)를 준다. 지혜는 사람을 용사처럼 용감하게 만든다. **왕, 방백, 재상, 존귀한 자**가 하나님의 지혜로 말미암아 잘 다스린다. 그들은 **공의를 세운다**(정의로운 법을 만든다). 이스라엘과 유다와 이웃의 많은 왕이 공정한

법률을 만들지 않았다는 사실은 그들에게 하나님의 지혜가 결여되어 있었음을 보여 준다.

8:17~18 지혜는 누구에게나 유용한데, 지혜를 **사랑하고**(참조, 21절, 4:6) **찾는 자**(참조, 2:1~4)들만 얻을 수 있다. 지혜 있는 자들은 **부귀**(참조, 3:16)와 **장구한 재물**(참조, 8:21; 14:24; 15:6; 22:4)과 의를 얻는다. '장구한'은 문자적으로 '뛰어난' 또는 '빼어난'을 뜻한다. 지혜의 소유자에게 오는 부는 은이나 금으로 산 인위적인 대용물이 아니라 순전한 것이다. 사람이 공동체에서 존경받는 것은 부 때문이라기보다 오히려 삶(행위)의 산물이다. '의'는 히브리어 츠다카(צְדָקָה)의 번역으로, '부'라고 옮겨질 수도 있다(참조, 20절). 지혜를 가짐으로 얻는 최대의 소득은 경건한 삶이다.

8:19~21 소득(19절)은 시장에서 사용되는 용어로, 정금(하루츠[חָרוּץ], 참조, 10절)과 은이 주는 것보다 훨씬 뛰어난 이익을 주는 지혜의 능력을 강조한다. 지혜는 **정의와 공의**(참조, 8절)과 함께 다닌다. '다니다'라고 번역된 히브리어 동사는 끊임없이 계속 걷는 것을 뜻한다. (정의와 공의의 차이에 관해서는 아모스 5장 7절의 주해를 보라).

잠언서의 다른 곳처럼 여기에서도 동의어 오라흐(אֹרַח)와 나티브(נָתִיב)가 함께 사용되어 '길'로 번역되었다(2장 13절의 주해를 보라). 8장 18절에 진술된 바와 같이 지혜를 사랑하고(참조, 17절) 얻는 자들은 부를 얻게 된다(참조, 3:16; 14:24; 15:6; 22:4). 잠언서의 많은 진술과 마찬가지로 이것도 일반화된 것으로써, 예외가 있음을 알아야 한다. 지혜 있는 사람은 물질적인 재산을 유지하는 기술을 가지고 있으므로 다시 채울 수 있다(곳간을 채운다).

0. 지혜의 가치: 창조에 나타난 여호와의 지혜(8:22~36)

지혜가 창조 시에 여호와와 연합했기 때문에 지혜의 많은 요구(6~21절)는 믿을 수 있는 것이다. 지혜는 세계가 창조되기 전에 존재했고(22~29절), 여호와와 함께 창조에 참여했으며, 창조가 완성되었을 때 그분의 즐거움을 함께 나누었다(30~31절). 지혜의 독특한 역할 때문에 그녀는 그녀를 얻으라고 마지막으로 요구한다(32~36절).

1. 창세 전부터 존재한 지혜(8:22~26)

8:22 지혜가 언급하는 영역이 개인을 풍요하게 하는 능력(12~21절)에서부터 과거의 창조까지 확장된다. 이 구절에 언급된 '나'를 분명히 12절에 언급된 '나 지혜'를 말하는 것이다. 지혜는 창세 전('전'은 22~25절에 다섯 번 나온다)에 존재했다. 그러므로 하나님이 우주를 창조하셨을 때('때'는 24, 27~29절에 3번 나온다) 지혜도 있었다.

어떤 성경 연구가들은 22~31절의 지혜가 그리스도를 가리킨다고 주장한다. 물론 그분은 하나님의 지혜를 신자들에게 계시하시고(고전 1:30), 그분 안에 모든 지혜와 지식이 있지만(골 2:3), 잠언 8장 22~31절에서는 지혜가 그리스도라는 어떤 암시도 찾아볼 수 없다. 만일 그렇다면 잠언서에 언급된 지혜가 모두 그리스도를 말한 것이어야 하지 않는가!

그러나 그런 것 같지는 않다. 여기서는 '하나님의 속성인 지혜'를 비유적으로 인격화하여 말한 것이라고 보는 것이 바람직하다.

8:23~26 우주를 창조하기 전에 하나님은 지혜를 세우셨다(참조, 시 2:6). 잠언 8장 23절은 하나님이 만세 전부터(참조, 창 1:1~5), 궁창으로 물을 나누시기 전에(창조의 둘째 날에 관해서는 창세기 1장 6~8절 참조), 마른 땅이 드러나기 전에(창조의 셋째 날에 관해서는 창세기 1장 9~10절 참조) 이미 존재하고 있던 지혜를 언급한다. 지혜는 태어난 것으로 묘사된다(잠 8:24~25).

2. 창조에서 지혜의 역할(8:27~31)

8:27~29 하나님이 하늘을 지으실 때(27절상. 참조, 창 1:1~5), 물을 나누어 구름과 바다를 만드실 때(잠 8:27하~28. 창조의 둘째 날에 관해서는 창세기 1장 6~8절 참조), 마른 땅이 드러나게 하실 때(잠 8:29. 창조의 셋째 날에 관해서는 창세기 1장 9~10절 참조)에 지혜가 있었다. 해면(잠 8:27)에 관해서는 창세기 1장 2절의 주해를 보라.

8:30~31 지혜는 하나님이 세계를 창조하실 때 그분 곁에서 **장인**(개역성경에는 '창조자'로 번역됨) 역할을 했다. 하나님의 창조 사역의 보조자로서 인격화된 하나님의 이 속성은 하나님이 창조하신 것 안에 하나님의 지혜가 있음을 시적으로 암시해 준다. '그 곁에' 있었다는 것은 밀접한 관련성을 내포하는 것이다. 하나님의 사역이 지혜로 특징 지워진다는 말은 지혜가 설계자란 의미는 아니다. 하나님이 설계자시다. 이것은 중요한 차

이다. 창조 전에, 그리고 창조 시에 있었고, 창조에 관계했다는 지혜의 주장은 지혜가 사람에게 보상을 준다는 사실이 믿을 만하다는 것을 말해준다. 인격화된 지혜는 하나님 앞에서 즐거워하며, **사람을 포함하는 하나님의 창조 세계에서 즐거워한다.**

하나님이 창조 사역에 지혜를 포함시키셨다면, 틀림없이 사람에게도 지혜가 필요하다!

3. 지혜의 요구와 약속(8:32~36)

8:32~34 아버지가 아들을 3번(4:1; 5:7; 7:24) 부른 것처럼, 여기에서 지혜가 젊은이들을 '아들들'이라고 부른다. '이제'는 앞에서 지혜가 주장한 것과 이 구절의 호소를 연결시킨다. 32~34절에 '들으라'와 '복이 있다'가 교대로 사용된다('들으라'[32절], '복이 있느니라'[32절], '들어서'[33절], '들으며'[34절], '복이 있나니'[34절]). 지혜가 젊은이들에게 세 번이나 반복해서 "들으라"고 요청한 것은 솔로몬의 빈번한 요청을 생각나게 한다(1:8의 주해를 보라). 지혜의 훈계를 듣고 따르면 그들은 **지혜롭게 되며** '복을 받는다.' 이 복은 지혜를 열심히 따를 때("기다리며 … 기다리는"), 임할 것이다.

8:35~36 지혜는 생명(참조, 3:18; 4:4, 22; 7:2; 9:11; 19:23)과 여호와의 은총(참조, 12:2; 18:22)을 가져온다. '은총'에 해당하는 라촌(רָצוֹן)은 잠언서에 14번 사용되었는데, '수락, 선의(善意), 인정'을 뜻한다. 그것은 '즐거워하다'를 뜻하는 동사 라차(רָצָה)에서 나온 것이다. 지혜를 거절하면 해(害. 참조, 6:32; 7:23; 9:12하)와 사망(참조, 2:18; 5:5; 7:27)을 당한다.

지혜는 생명의 길이요, 어리석음은 죽음의 길이다. 사람은 이 두 가지 길을 선택할 수 있다.

P. 지혜와 어리석음의 대조로 요약한 지혜의 가치(9장)

이 장은 지혜의 초대(1~6절)와 어리석음의 초대(13~18절)를 대조함으로써 1~8장을 개괄한다. 두 초대 사이에서 짧은 일련의 간단한 잠언들이 각각의 초대에 응하는 자들의 성격과 결과들을 비교한다(7~12절). 지혜와 어리석음은 절기를 준비하고 그들의 집에 젊은이들을 초대하는 두 여자로 묘사된다. 지혜는 연회를 준비하는, 인품이 있고 부요하고 도덕적인 여성으로 그려지는 데 반해, 어리석음은 훔친 물과 몰래 먹는 떡으로 차린 감각적인 식사에 젊은이들을 초대하는 매춘부로 묘사된다.

1. 지혜의 초대(9:1~6)

잠언에서 지혜는 빈번하게 고귀한 부인으로 인격화된다(1:20~33; 3:16~18; 4:3~6; 8:1~21, 32~36; 9:1~6). 9장 1~6절에서 그녀는 건축자, 지혜가 없는 자들을 위해 연회를 마련하는 주부로 묘사된다.

a. 연회를 마련하는 지혜(9:1~2)

9:1 지혜에 해당되는 히브리어는 호크마(חָכְמָה)인데, 여기서는 복수 형

태(호크모트[הַחְכְמוֹת])로 등장해 단수 동사 '짓고'(바나[בָּנְתָה])를 취한다(어떤 사람들은 가나안 방언에서 유사한 형태에 따라 **호크못**을 단수로 해석한다). 1장 20절, 24장 7절, 시편 49편 3절 역시 마찬가지다. 복수 형태로 사용되면 그것이 지혜의 충만함을 제시하는 것일 수 있다. **일곱 기둥**을 다듬는 것을 포함해서 그의 집을 짓는 '지혜 부인의' 활동은 지혜를 수반하는 부지런함을 암시한다. 성서학자들은 이 일곱 기둥의 의미에 관해 다양한 의견을 내놓았다(예, 여섯 날 동안의 창조와 일곱째 날의 휴식. 그 당시에 알려진 해와 달과 다섯 별). 일곱 기둥은 집이 크고 넓다는 것을 암시한다고 보면 좋을 것 같다. 이것은 지혜를 삶의 높은 위치와 연관시키는 잠언서의 진술들과 일치한다.

9:2 '지혜 부인'이 마련한 식사에는 고기(짐승)와 **혼합된** 포도주가 포함되어 있다(참조, 5절). '짐승을 **잡으며**'는 문자적으로 '그녀가 죽인 것을 죽여'(즉 그녀가 짐승을 잡아서 그 고기를 요리하여)를 뜻한다. 포도주를 혼합하는 것은 고대 이스라엘의 관습인 포도주의 희석을 뜻할지도 모른다(참조, 마카베오하 15:39; *The International Standard Bible Encyclopaedia*. Grand Rapids: Wm. B. Eerdmans Publishing Co., 1939, 5:3087). 유대인들은 희석되지 않은 포도주는 맛이 없다고 생각했다. 유월절 포도주도 포도주와 물을 1대 3의 비율로 섞어 만들었다. 포도주를 혼합하는 것은 맛을 내기 위해 향료를 포도주에 섞는 관습으로 볼 수도 있다(참조, 시 75:8; 사 5:22). 혹은 두 가지 관습 모두를 말하는 것일 수도 있다.

b. 지혜의 초대(9:3~6)

9:3 자비로운 여주인은 음식을 준비한 후 **자기의 여종을 보내어 잔치에 참석하라고 사람들을 초대한다**(참조, 마 22:2~3). **성중 높은 곳**(참조, 잠 8:2)은 초청하는 소리를 많은 사람들이 들을 수 있는 높은 장소였다. '미련한 여인' 역시 그런 높은 곳에서 소리쳤다(9:14).

9:4~6 지혜의 초대 말은 4~6절에 언급되었다(7~12절도 지혜의 초대 말로 볼 수 있다). 지혜의 연회에 초대된 자들은 **어리석은 자**(프티[פֶּתִי]: 순진하고 어리숙한 자. 참조, 1:4의 주해; 8:5; 9:16)와 **지혜 없는 자**(참조, 6:32)였다. 지혜의 돌봄이 가장 필요한 자들이 손님으로 초대되었다. 그들은 와서 먹고 마셔야 한다. 즉 지혜 없는 자들은 지혜를 얻어야 하고, 지혜를 통해 유익을 얻어야 한다. 그들은 **어리석음**(프타임[פְּתָאיִם, 6절]: 프티[פֶּתִי, 4절]의 복수)을 **버려야** 한다. 그러므로 이 단어는 '어리석은 자들'을 의미할 수 있다. 그러나 **명철의 길을 행하도록** 손님들을 초대한다고 하는 하반절을 볼 때, 이 단어를 어리석은 자의 습관들을 언급한 것이라고 보는 것이 낫다. 이미 설명한 바와 같이(3:18; 4:4; 7:2), 지혜의 결과는 생명이다("생명을 얻으라." 참조, 9:11; 19:23).

2. 초대에 응한 결과(9:7~12)

먼저 이 단락은 지혜의 초대(1~6절)와 어리석음의 초대(13~18절) 사이에 위치함으로써, 문맥을 방해하는 것처럼 보인다. 그러나 이 단락의 위치는 적당하다. 왜냐하면 그것이 두 초대에 응했을 때의 결과를 말해 주기 때문이다. 지혜에 주의하는 자들은 책망에 반응을 보이고 책망을 통해 배우고(8절하. 1:23의 주해를 보라), 그들의 학식(9:9)이 더할 것이며, 생명을 즐기게 될 것이다(11절). 그러나 어리석음의 부름에 주의하는 자들은 고치려고 하지 않아서(7~8절하) 해를 받게 된다(12절하). 그들은 거만한 자요, 고치려는 마음이 없는 자들이다. 어리석음의 초대는 그들로 하여금 그들의 길을 고집하게 만든다.

9:7~8상 거만한 자(1:22의 주해를 보라), 즉 악인은 교훈을 듣지 않는다. 누군가가 그를 책망할 때 그는 모욕적인 능욕의 언사로 폭언을 하면서 증오의 태도로 반응한다. **흠(뭄[מום])**은 얼룩이나 약점을 뜻한다. 악인은 책망 받을 때 그를 도와주려고 하는 자를 비방하고 욕설을 퍼붓는다. 그런 거만한 자는 자신의 길을 고집한다.

9:8하~9 한편 지혜 있는 자는 지혜로부터 배우기 때문에 **책망을** 귀하게 여긴다. 책망으로부터 기꺼이 배우려고 하는 자에게는 책망도 유익한 것이다(15:31; 17:10; 19:25; 25:12; 27:5~6). 사람은 가르침을 받음으로써(참조, 10:8상; 12:15하; 14:6하; 15:32하; 21:11) 더욱 지혜로워진다(참조, 1:5). 잠언의 다른 곳에서처럼, 지혜 있는 사람은 **의로운** 사람이다. 경건한 성품이 지적인 총명의 기초가 되어야 한다.

9:10~11 이 책의 주제(1:7상)가 9장 10절에서 다시 언급되는데, 두 군데가 다르다. 여기에서 근본으로 번역된 히브리어가 1장 7절과 다르다. 9장 10절의 근본은 '선행 조건'을 뜻한다(1:7의 주해를 보라). 또한 9장 10절에서는 **지혜**, 1장 7절에서는 '지식'이 사용되었다.

거룩한 자(잠언서 중 이 구절과 30장 3절에서 하나님을 이렇게 부름)를 인격적으로 아는 것이 생명으로 인도하는 명철을 준다. 나 지혜는 생명의 해를 길게 해 준다(참조, 6절; 3:2, 16; 4:10; 10:27; 14:27; 15:24).

9:12 잠언서에서 다른 방식으로 누차 언급된 바와 같이, 지혜는 유익을, 거만은 해를 가져다준다. 지혜의 유익들이 8~11절에 언급되어 있다.

3. 어리석음의 초대(9:13~18)

9:13 어리석음의 잔치가 지혜의 잔치와 대조되어 나타난다. 미련한 여인(크씰[כְּסִיל]의 여성형. 참조, 1:7의 주해)은 자신을 상품화한 매춘부로 묘사된다. 그녀는 떠들며(참조, 7:11) 어리석어서(문자적으로 '순진한 또는 속기 쉬운'[그녀의 손님처럼]. 참조, 9:16) 아무것도 알지 못한다. 그녀는 매력적이지만 다루기 어렵다. 다른 곳에서처럼 여기에서도 지혜는 오랜 만족을 주는 반면, 어리석음은 즉각적인 희열을 가져다준다.

9:14~15 모든 준비를 마치고(1~2절) 손님을 찾아 나선(3~6절) 지혜와는 달리, 미련한 여인은 문에 앉아서 손님들을 부른다. 그러나 지혜처럼 성읍 높은 곳에 있는 자리(참조, 3절)에서 부르기도 했다. 미련한 여인은 행인들을 청했다(참조, 7:8~10). 자기 길을 바로 가는 행인들은 멈추지 않고 계속 길을 가는 사람들이거나 바른 삶을 살아가는 사람들에 대한 언급일 수 있다. 아마 양쪽 뜻을 다 포함하고 있을 것이다.

9:16~17 미련한 여인은 의도적으로 지혜가 사용한 것과 같은 말로 손

님들을 청한다(참조, 4절과 그 주해). 자기 샘에서 물을 마시는 것이 자기 아내와의 관계를 뜻하므로(5:15~16), **도둑질한 물**은 혼외정사에 대한 언급일 수 있다(참조, 7:18~19). 이와 같이 미련한 여인은 손님의 기본적 욕망에 호소한다. **몰래 먹는 떡** 역시 은밀한 행위를 암시한다.

9:18 그녀의 초대가 매력적으로 보일지라도 그 결말은 생명이 아니라(참조, 11절) 죽음이다(참조, 2:18; 5:5; 7:27). 미련한 여인은 분명히 제멋대로 살아가는 여인이다. 이것은 성적인 부도덕이 가장 심한 어리석음임을 제시한다. 생명과 죽음으로 이끄는 지혜와 어리석음의 두 길이 9장에서는 절정에 달한다. 잠언서의 나머지 구절들은 대부분 이 중 하나의 길이나 양쪽 길을 다루며, 그 결과들을 역설한다.

Ⅲ. 솔로몬의 잠언(10:1~22:16)

잠언서 중 아주 긴 이 부분은 375개의 잠언으로 구성되어 있다. 사상의 전개는 각 절에서 두(때때로 그 이상의) 행으로 제한되어 있다. 10~15장은 1~9장에서 주로 다룬 주제인 의인(지혜 있는 자)과 악인(어리석은 자)의 대비를 계속 다룬다. 나머지 부분(16:1~22:16)의 주제는 보다 다양하다.

10~15장은 대부분의 구절이 대조를 이룬다(반어적 평행법). 즉 대부분의 구절의 둘째 행이 '그러나'(개역 성경에서는 분명하지 않음 – 역자 주)로 시작한다. 16장 1절~22장 16절에서는 몇 절만 대조를 이룬다. 대부분의 구절이 비교(동어적 평행법) 또는 완성(종합적 평행법)을 이루는데, 그중 많은 구절이 둘째 행을 소개하는 '그리고'(개역 성경에서는 분명하지 않음 – 역자 주)를 포함하고 있다.

매 구절의 주제가 바뀌는 것은 의도적인 것이다. 이것은 한 절에서 다음 절로 넘어가기 전에 독자들로 하여금 그 사상을 파악하고 숙고하게 하려는 것이다. 그렇지만 경우에 따라서는 둘 또는 그 이상의 구절이 같은 주제를 다루거나 동일한 단어를 계속해서 사용하기도 한다. 예를 들어, 10장 4~5절은 게으름과 부지런함을 논하고 있고, 10장 11~14절, 18~21절, 31~32절은 말에 관해 다루고 있다. 16장 1~7절은 구절마다 '여호와'가 언급되어 있고, 16장 12~15절에는 각 절의 중심 단어가 '왕'이고, 15장 16~17절의 각 구절은 '낫다'(토브[טוב], 개역 성경에서는 분명치 않음 – 역자 주)로 시작한다. 12장 9~11절의 각 절은 가정의 문제를 다루고 있으며, 11장 9~12절의 각 절은 같은 자음(베트[ב])으로 시작된다.

A. 의로운 삶과 악한 삶을 대조하는 잠언(10~15장)

10:1 솔로몬의 잠언에 관해서는 서론의 '저자와 연대'를 보라. 1~9장(1:1을 보라), 25~29장(25:1을 보라), 10장 1절~22장 16절을 쓴 솔로몬은 잠언서의 약 84퍼센트를 기록했다. 물론 성령님의 감동으로 기록한 것이다.

지혜로운 아들은 이곳에서 '미련한 아들'과, 13장 1절에서는 '거만한 자'와, 15장 20절에서는 '미련한 자'와 대조된다. 그의 아버지의 가르침(5:1~2)에 주의함으로써 지혜롭게 된 아들은 잠언에 여러 번 진술된 대로(15:20; 23:15, 24; 27:11; 29:3), 그의 아버지를 기쁘게 한다. 한편 미련한(크씰[כְּסִיל]. 1:7의 주해를 보라) 아들은 어머니를 근심케 한다. 이 말은 미련한 아들이 아버지를 근심케 하지 않는다는 의미가 아니다. 또한 지혜로운 아들이 어머니에게는 기쁨이 되지 않는다는 의미도 아니다. 한 행에서 '아버지'를, 다른 행에서 '어머니'를 사용하는 것은 격언 문학의 전형적인 형식이다. 아버지와 어머니가 모두 가르침에 관계하는 것과 같이(1:8; 4:3~4; 6:20), 아들로 인해 함께 기쁨을 경험하든지 슬픔을 맛보게 된다.

10:2 재물이 무익하다고 말하는 것은 그 재물이 불의하고(참조, 1:19; 28:16; 미 6:10), 도적질이나 사기와 같은 부정으로 얻은(잠 16:8) 것임을 생각해 내기 전에는 놀랍고 모순되는 진술처럼 생각된다. 이러한 예는 1장 11~14절, 18~19절에 나와 있다. 그런 재물은 줄어들고(13:11; 21:6) 죽음을 이기지 못하기(11:4) 때문에 아무 유익이 없다. 물론 정직하지 않

게 얻은 돈도 약간의 기쁨을 주고 잠시 유용할지 모르지만, 오랫동안 만족을 줄 수는 없다.

10:3 3~5절은 부지런함과 게으름을 논한다. 사람의 욕구 충족은 여호와께 달려 있다(3절). 가난과 부는 각각 나태와 부지런함의 결과이다(4절). 근면은 지혜로운 아들의 특징이며, 잠은 부끄러운 아들의 특징이다(5절). '영혼'이 전인(全人)을 강조하므로 하나님은 여기에서 인간의 육신에 필요한 양식(참조, 시 37:19, 25)을 포함하여 인간의 모든 필요를 채워 주겠다고 말씀하신 것이다. 악인의 소욕은 파괴와 재난을 일으키려는 그들의 악한 욕망을 말한다. 하나님은 그런 계획이 실행되는 것을 막으실 수 있다. 잠언서의 다른 많은 구절처럼 이 구절도 일반적인 것이다. 경건한 자들이 굶주리지 않고, 악인이 원하는 모든 것을 얻지 못한다는 사실은 일반적인 진리이다.

10:4~5 일하기를 거부하면 **가난하게**(잠언에서 자주 사용된 단어) 되고, 열심히 일하는 자는 보상을 받는다. (게으름 외에 가난해지는 다른 이유가 잠언에 언급되어 있다. 14:23의 주해를 보라). 부지런해서 **지혜로운**(지혜로운은 '분별 있는' 또는 '바른 판단력을 가진'을 뜻하는 동사 **사칼**[שָׂכַל]에서 나왔다. 참조, 1:3; 16:20) 것에 대한 한 가지 예는 곡식이 익는 **여름**에 추수하는 것이다. 게으름의 한 가지 예는 **추수 때에 일하지 않고 자는 아들**이다(개미와 대조됨, 6:6~11). 실로 그런 사람은 부모에게 **부끄러움**을 끼치게 될 것이다.

10:6 의인이 복을 받는 반면, 악인의 입은 독을 머금는다. 같은 진술이 11

절에도 나온다. '머금다'라는 단어는 '가리다'(12절처럼)로 번역될 수 있기 때문에, 이 구절은 악인의 입이 독(폭력)을 숨기고 속여 감춘다는 것, 또는 독이 악인의 말의 특징이라는 것을 의미한다. 예수님의 말씀대로 "악한 자는 그 쌓은 악에서 악을 낸다"(눅 6:45).

10:7 복과 의인에 대해 말했는데(6절), 과거의 의인을 기념하는 것조차 영적인 복의 원인이 될 수 있다. 반면 대부분의 사람은 악인을 잊고 싶어 한다. 그들의 특성과 같이 그 이름이 시체처럼 썩어 쇠락한다.

10:8~9 지혜로운 자는 지혜자가 되려고 계명을 잘 듣는다(참조, 1:5; 9:9). 그러나 미련한 자(에윌[אֱוִיל]: 상스럽고 완고한 미련퉁이. 1:7의 주해를 보라. 참조, 10:21)는 어떤 것을 배울 수 있는 많은 시간을 쉴 새 없이 말하는 것으로 허비한다. 잠언에서 필요 없는 담화는 종종 어리석음과 연관되어 있다. 그런 사람은 **멸망**한다. 멸망한다는 표현은 바로 두 절 뒤에서 반복된다(10절; 참조, 13:3). '멸망'(패망)은 10장에서 다섯 번 언급된다(8, 10, 14~15, 29절). 바른 길로 행하는 자(9절)는 그의 걸음(그의 행위)이 평안하지만(참조, 3:23; 18:10; 28:18의 유사한 사상), **굽은**(문자적으로 '비틀린') 길로 가는, 행위가 악한 자는 **바른 길로 행하는** 자와 달리 결국 그의 의도가 실제로 무엇인지 드러내게 될 것이다.

10:10 10~12절은 상호 인간관계를 다룬다. 친구에게 악의 있는 눈짓을 하는 것은 악한 의도가 있음을 보여 주는 것이다(참조, 6:13; 16:30; 시 35:19). 이것이 그들의 악한 계획의 희생자에게, 또는 희생자의 사랑하는 사람들에게 근심을 가져온다는 것은 놀랄 만한 일이 못된다. 그러나 **입이**

미련한 자는 결국 재난을 당하게 된다(참조, 10:8하의 같은 행).

10:11 의인(지혜로운 자)의 말은 **생명의 샘**과 같다(참조, 13:14; 14:27; 16:22; 18:4). 그의 지혜로운 말은 유수와 같고, 지친 사막 여행자가 만난 시원한 샘물같이 상쾌하다. 이 구절의 둘째 행에 대해서는 6하반절의 주해를 보라.

10:12 미움은 서로를 멸시하는 사람들이 평화롭게 일하며 살 수 없게 하기 때문에 다툼을 일으킨다(참조, 6:14). 사랑은 남의 허물을 가리고 용서하게 하기 때문에(참조, 17:9) 화평에 기여한다. 사랑은 그들의 잘못을 생각하지 않는다(참조, 고전 13:5; 약 5:20; 벧전 4:8). '가리운다'는 카싸(כָּסָה)인데, 10장 6절, 11절에서는 이 단어가 '머금다'로 번역되었다. 악인의 입은 독(폭력)으로 덮여 있지만, 의인은 행악자들을 용서함으로써 허물을 덮어 버린다.

10:13~14 이 구절들은 지혜 있는 자와 지혜 없는 자를 대조시킨다. **명철한 자**의 특징은 지혜로운 말이다. **지혜 없는 자**(참조, 21절; 6:32; 7:7; 9:4, 16; 11:12; 12:11; 15:21; 17:18; 24:30; 28:16)는 낭패를 당한다. 그는 등에 **채찍**을 맞게 될 것이다(참조, 14:3; 26:3). **지혜로운 자**는 **지식을 간직**한다. 그는 지식을 낭비하지 않고 적당한 때를 위해 그것을 보존한다. 그러나 **미련한 자**의 말은 문제를 일으키고 결국 그를 **멸망**시킨다. 왜냐하면 어리석게도 좋지 못한 것을 말하며 스스로를 궁지로 몰아넣기 때문이다(참조, 10:19).

10:15~16 이 두 구절은 모두 **부**에 대해 논하고 있기 때문에 연결해서 볼 수 있다. 15절의 첫 행은 18장 11절에서 반복된다. 부가 명예보다는 못하고(28:20) 의존할 바는 아닐지라도(11:4; 23:5), 어떤 재난들에 대해서는 방책이 될 수 있다. **궁핍**은 **가난한** 자를 계속 억압하는 문제가 된다(참조, 14:20; 18:23; 19:7; 22:7). '가난한'의 히브리어는 달(לד : 연약한, 쇠약한, 무력한)인데, 19장 4, 17절, 21장 13절, 22장 16절, 28장 3, 8, 11, 15절, 29장 7, 14절에 사용되었다.

수고(16절)는 **의로운** 삶을 살 때 나타나는 자연적인 결과 또는 '돌아오는 것'을 말하는 것이다(참조, 3:18, 21~22; 4:4; 7:2상). 그러나 악인은 문제를 거두어들인다(갈 6:7).

10:17 생명은 16절과 이 구절 연결시킨다. **훈계**로부터 배우는 자는 다른 사람들에게 의미 있는 삶에 이르는 길의 본보기가 된다. 반면에 훈계로부터 배우기를 거절하는 자는 다른 사람들로 **그릇** 가게 한다. 사람의 행위는 자신뿐 아니라 다른 사람들에게도 좋은 것이든 그렇지 않은 것이든 영향을 끼치기 마련이다.

10:18 18~21절은 말에 대한 문제들을 언급한다. **미움**의 주제는 12절에서 소개되었는데, 18절에 다른 사상이 그 주제에 첨가되었다. 사람이 누군가를 미워할 때 그것을 나타내지 않으려고 하면 거짓말을 자주 하게 된다. 그리고 미움은 종종 멸시받는 자를 중상모략하게 한다. 18절의 둘째 행은 미움과 **중상**이 반대되는 것이 아니라는 것을 보여 주기 위해 '그러나'가 아니라 '그리고'로 시작한다(개역성경은 분명하게 드러나지 않음 - 역자 주). 거짓말과 중상은 미움으로부터 나온 것이고, **미련한** 자의 특징

이다.

10:19 말이 많으면 결국 허물이 생기게 되고 곤란을 당케 된다(참조, 8, 10절의 '입이 미련한.' 또한 야고보서 3장 2~8절을 살펴보라). 침묵을 지키는 능력은 **지혜로운** 것이므로 말이 많은 것은 분명히 미련한 것이다(참조, 잠 11:12).

10:20 악한 자의 저속한 말(거짓말, 중상모략, 수다, 18~19절)과는 달리 의인의 말(혀)은 고상하여 순은과 같다. 악인은 말은 고사하고 그 마음도 가치가 적다!

10:21 '혀'는 19절과 20절을, '입술'은 21절과 18절을, '의인'은 20절과 21절을 연결시킨다. 의로운 말이 가치 있는(20절) 이유는 다른 사람들을 영적으로 **교육하며** 이익을 주기 때문이다. 미련한(에윌[אֱוִיל]. 참조, 8절. 1:7의 주해를 보라) 자는 **지식이 없으므로**(참조, 6:32; 7:7; 9:4, 16; 10:13; 11:12; 12:11; 15:21; 24:30; 28:16) 죽는다. 이 구절 첫 부분에 말에 관해 언급되었으므로, 미련한 자의 말에 지식이 없다는 것이 아마 둘째 부분에 포함되었을 것이다. 그들의 좋지 못한 말은 그들 자신에게도 유익치 못하다. 그들은 양분의 공급을 받지 못해서 영적으로 굶어 죽게 된다.

10:22 히브리어 성경에서는 '여호와' 다음에 강조를 위해 '그것'이 첨가된다. 그러므로 첫 행을 직역하면 "여호와의 복, 그것이 부를 가져온다"가 된다. 둘째 행은 여호와께서 (의인과 부지런한 사람에게) 부를 주시되, 불의의 재물(참조, 2절)의 비극인 **근심**을 겸하여 주시지 않는다.

10:23 23~32절은 의인과 악인을 대조시킨다. 미련한 자(크씰[כְּסִיל]: 머리가 둔한 사람. 1:7의 주해를 보라)는 행악을 즐기지만, 지혜로운 자는 지혜를 사랑한다. 행악과 지혜의 대조는 성경적 의미에서 지혜가 본질상 도덕의 문제임을 보여 준다.

10:24~25 솔로몬은 악인에게 재난이 닥치고 의인은 여러 가지 보상을 받게 됨을 잠언에서 반복해서 강조함으로써, 코앞의 것이 아니라 궁극적인 지혜와 미련함의 열매를 바라보아야 한다는 사실을 어리고 순진한 젊은이들에게 확신시키려 했다. 많은 악인은 재난을 두려워하면서도 그것을 받아들인다! 그러나 의인은 자신이 원하는 것, 즉 복을 받는다. 하나님은 재난과 복, 두 가지 모두의 궁극적인 근원이시다. 회오리바람이 갑자기 불면, 악인에게는 생명과 재산을 파괴하는 재난이 되지만(참조, 1:27; 6:15; 29:1), 의인은 더욱 안전하게 된다(참조, 10:9, 30; 12:3).

10:26 게으른 자(6:6~11의 주해를 보라)는 마치 식초(포도주에서 발효된 초)가 신 것처럼, 연기가 눈을 자극하는 것처럼 어떤 일이나 심부름을 위해 그를 보낸 고용주들을 괴롭힌다. 그가 그의 의무를 다하지 못하기 때문에 그를 고용한 사람이 괴로움을 당한다.

10:27~30 이 구절들은 의인에게 임하는 몇 가지 복을 언급하고 있다. 그것은 장수, 즐거움, 안전, 보호이다. 영원한 관점에서 볼 때, 일반적으로 악인은 이 둘 중 어느 것도 갖지 못한다. 의인의 장수와 악인의 단명은 잠언서에 자주 언급되는 주제이다(3:2,16; 4:10; 9:11; 14:27; 15:24). 여호와를 경외하는 것에 대해서는 1장 7절의 주해를 보라(참조, 2:5; 3:7;

8:13; 9:10; 14:26~27; 15:16, 33; 16:6; 19:23; 22:4; 23:17; 24:21). 여호와를 사랑하는 자에게는 즐거움이 임하지만, 즐거움을 향한 악인의 욕구는 성취되지 않는다(참조, 10:24; 11:7). 의인은 **여호와의 도**를 따름으로써, 즉 그분의 기준을 따름으로써 안전한 **산성**(마오즈[מָעוֹז]. 참조, 시 31:2, 4; 나 1:7)을 가진다. 그들은 **땅에서 안전**하지만(참조, 잠 10:9, 25), 악인은 그렇지 않다(참조, 2:21~22).

10:31~32 이 두 구절 역시 말에 관한 주제를 언급한다(참조, 11~14절; 18~21절). 의인은 지혜로운 말을 한다(참조, 11절). '내어도'는 문자적으로 '열매를 맺다'라는 뜻이다. 나무가 자연적으로 열매를 맺는 것같이, 지혜로운 말은 정직함의 자연스런 결과다(참조, 눅 6:43~45). 그러므로 그것들은 적당하고 적절하다(잠 10:14의 주해를 보라). 두 구절에 동시에 사용된 **패역**은 정상적인 것에서 벗어난 것을 뜻한다(참조, 2:12).

11:1 여호와께서는 **속이는 저울**(부정직한 저울)을 미워하시고, **공평한 추**(문자적으로 '완전한 돌')를 기뻐하신다. 부정직한 상거래는 비난의 대상이었고, 정직한 거래는 권장되었다(참조, 16:11; 20:10, 23; 레 19:35~36; 신 25:13~16; 미 6:10~11; 암 8:5). 많은 상인이 이익을 더 챙기기 위해 상품의 무게를 달 때 두 가지 돌을 사용했다. 물건을 팔 때는 가벼운 돌을 저울에 올려놓았고(팔 물건의 양이 적어지도록), 살 때는 무거운 돌을 사용했다(같은 값이면 많이 얻으려고). 당시에는 주조된 화폐가 없었기 때문에 대부분의 일상적인 상거래는 물물교환으로 이루어졌다. 여기에서 '여호와'를 언급한 것은 상업적인 사항들을 영적인 영역에 포함시킨 것이다.

11:2 이 구절에는 단어들이 흥미롭게 조화를 이룬다. 교만은 그 반대인 욕을 가져오고, 하나님과 사람 앞에서 유순하고 온유한 정신으로 묘사되는 겸손(이 명사는 이곳에만 나오고, 동사형은 미가 6장 8절의 '겸손히 행하는 것'에서 유일하게 사용되었다)은 지혜에 이르거나 지혜를 가져온다. 잠언 13장 10절 역시 교만과 지혜를 대조시킨다. '교만'을 뜻하는 히브리어 자돈(זָדוֹן : 거만. 참조, 13:10)은 동사 지드(זיד : 끓이다. 참조, 창세기 25장 29절의 '쑤다')에서 나온 것인데, '욕'을 뜻하는 히브리어 칼론(קָלוֹן)처럼 들린다.

11:3 3~8절은 고난으로부터 우리를 인도하고 보호하는 의의 가치에 대해 말한다. 성실(욥기 1장 1절과 잠언 11장 20절에서 '온전한'으로 번역됨)은 도덕적으로 완전하고 흠이 없는 상태를 말한다. 성실이 삶의 방식일 때 그것은 목자같이 인도한다. 패역은 대조적인 특징의 명사 쎌레프(סֶלֶף)인데, 이곳과 15장 4절에만 사용되었다. 관계된 동사 쌀라프(סלף)는 '뒤엎다, 전복하다, 곡해하다'를 뜻한다. 그것은 13장 6절에서 '패망하게 하다', 22장 12절에서 '패하게 하다'로 번역되었다.

11:4 진노(참조, 23절의 '진노')하시는 날은 아마 죽음에 대한 언급일 것이다. 재물로는 장수를 살 수 없다. 의로움만이 그것을 줄 수 있다(참조, 10:2하). 10장 27절에서는 여호와를 경외하면 장수하게 된다고 말한다.

11:5 의로운 삶은 장애물과 근심(참조, 11:8)이 거의 없는 삶, 즉 '곧은 길'(참조, 3:5~6)을 가져오지만, 악한 자는 넘어지게 된다.

11:6 의로운 삶의 또 다른 유익은 근심(5절 주해를 보라) 또는 죽음(4절)에서의 구원, 벗어남이다. 그러나 **사악한**(문자적으로 '불충한') **자는** 자기의 악으로 말미암아 근심에 빠진다(참조, 3절). 그는 자기의 악에 **잡힌다**(1:17~18; 6:2; 7:22~23; 12:13). 왜냐하면 그의 욕망이 그를 죄로 인도하기 때문이다.

11:7 악인의 죽음은 그가 이루고 싶었던 모든 것의 종말을 가져온다. 그의 재물도(4절), 그의 권세도 죽음을 옮겨 놓을 수는 없다. 권세를 얻기 위해 의(義)를 포기하는 것은 분명히 헛된 일이다.

11:8 3, 5~6절에서 언급된 바와 같이, **의로운** 삶은 환난을 피하는 데 도움이 된다(참조, 12:13). 에스더서에서 모르드개를 죽이기 위해 하만이 계획했던 재난이 하만 자신에게 임한 것이 좋은 예가 된다(에 3~7장).

11:9 9~15절은 공동체 내의 관계에 대해 이야기한다. 이웃(9, 12절), 성읍(10~11절), 한담(閑談, 13절), 국가를 위한 충고(14절)와 보증(15절)에 관한 내용이다. 악인은 말하는 것으로 다른 사람들을 비방할 수 있다(참조, 10:18~19상의 주해). '악인'으로 번역된 히브리어는 하네프(חָנֵף : 불경스러운)이다. 동사 하나프(חָנֵף)는 '더러워지다'(렘 3:1; 시 106:38), '더럽히다'(민 35:33)로 번역된다. 그러나 의인은 아무 말이나 지껄이는 불경한 사람과는 달리, **지식으로 말미암아 피한다**(구원을 얻는다). 이것은 아마 그가 중상모략이 사실이 아닌 것을 알기 때문에 그것의 해로부터 피하거나 불경한 사람에게서 떠나야 함을 알기 때문에 피하는 것을 암시하고 있는 듯하다.

11:10~11 이 구절은 의로운 사람이 공적인 생활에서 끼칠 수 있는 유익한 효과를 언급한다. 성읍의 백성은 그 성읍이 정직한 사람들로 인해 진흥하기 때문에 그들에게 내린 하나님의 복에 대해 감사하고 기뻐한다. 그런 사람들은 성읍이 경제적으로, 도덕적으로 건전해지도록 돕는다(렘 22:2~5). 반대로 성읍 사람들은 거짓말하고 비방하고 속이고 훔치며 죽이는 악인이 죽을 때 기뻐한다(참조, 잠 28:12, 28). 그러면 성읍이 평안해지기 때문이다. 악한 자의 말(입. 참조, 11:9)은 성읍을 경제적으로, 도덕적으로 파멸시킬 수 있다.

11:12~13 공동체 내의 관계를 다룬 9~15절에는 정직한 말과 옳지 못한 말이 여러 번 언급된다(9, 11~13절) 그 이웃(참조, 14:21)을 멸시하는(부즈[בּוּז]: 경멸하는, 가볍게 여기는, 무시하는. 참조, 1:7의 주해) 자는 지혜 없는 자다(6:3; 10:13의 주해를 보라). 이웃에 살거나 가까이에서 일하는 사람을 비방하는 것(참조, 10:18)은 말도 되지 않는 일이다. 그런 것이 마찰과 불화를 일으키기 때문에 이웃에 관해 좋지 않은 것을 알고 있다고 하더라도 잠잠히 있는(혀를 지키는. 참조, 10:19) 것이 지혜로운 일이다. 악의 있는 한담으로 비밀을 누설하는 것은 신뢰에 대한 배반이다(20:19에도 진술됨). '한담'은 문자적으로 '중상모략'이라는 뜻이다. 16장 28절, 18장 8절, 26장, 20, 22절 역시 한담을 책망한다.

11:14 지략으로 번역된 히브리어 타흐불로트(תַּחְבֻּלוֹת)은 배의 조타에 쓰이는 항해 용어이다. 모사(謀士)의 '지략'이나 조언은 유익하다(참조, 15:22; 20:18; 24:6). 지혜로운 사람은 다른 사람의 의견과 조언에 열려 있다. 조언이 없으면 심각한 실수를 하기 마련이다.

11:15 타인을 위해 보증을 서면 심각한 문제에 빠지게 된다(6:1~5의 주해를 보라. 참조, 17:18; 22:26~27).

11:16 16~31절은 의롭고 인자한 삶을 살 때 받는 보상에 대해 언급한다. 이 구절은 유덕한(헨[חן]: 자비로운) 여자(참조, 17절의 '인자한 자')가 얻는 존영(尊榮)과 근면한 남자가 얻는 재물을 대비시킨다. 권장할 만한 성품의 여인이 12장 4절, 14장 1절, 19장 14절, 31장 10~31절에도 언급되어 있다. 'only'(NIV에는 하반절에 'only wealth'[재물만을]로 되어 있다 – 역자 주)는 재물이 존영보다 못한 것임을 암시해 준다(1장 19절, 10장 2절, 11장 4절에도 재물의 불충분함이 언급되어 있다). '근면한'으로 번역된 히브리어 아리츠(עריץ)는 '힘센'이란 뜻도 있으나, 주로 사람이 악한 마음 때문에 폭력을 쓰는 것을 뜻한다. 이것 때문에 영예와 존경과 마음의 평화를 누리지 못하게 되는 것이다.

11:17 17~21절은 악한 삶과 의로운 삶의 결과를 대비시킨다. 인자(헤쎄드[חסד]: 충실한 사랑)와 잔인함은 모두 그것을 베푼 사람에게 되돌아온다. 인자는 인자를 베푼 자에게 이익을 주고(인자는 그것을 받은 사람에게서 되돌아오기 때문에), 잔인함도 제자리로 돌아와서 그것을 당한 사람뿐 아니라 행한 사람에게도 해를 끼친다(참조, 13:20).

11:18 악인에게는 그가 얻은 삯조차 허무하다. 즉 그는 자신의 돈이 출세에 도움이 될 것으로 생각하지만 그것이 결국 아무런 유익이 없음을 알게 된다(4절). 한편 의로운 삶을 살아 공의를 뿌린 자는 유익하고 지속적인 상을 거두어들인다. '허무한'으로 번역된 샤케르(שקר)와 '상'으로 번역

된 세케르(שֶׁקֶר)는 발음이 유사하다. 이 단어들에 주목하도록 의도적으로 두운법(頭韻法)과 유운법(類韻法)을 사용한 것이다.

11:19 공의를 지키는 자는 **생명**으로 보상을 받고(참조, 12:28) 악을 따르는 삶은 **사망**으로 보응을 받는다. 이것은 잠언에 빈번히 나오는 주제다. 죄인은 해(害, 11:17)와 무익한 돈(18절)과 죽음(19절)을 받게 된다.

11:20 잠언서는 여호와께서 많은 종류의 죄의 태도와 행위를 혐오하신다고 말한다. 그것은 굽은(이케쉬[עִקֵּשׁ]: 구부러진, 뒤틀린. 2:15의 주해를 보라) 삶(3:32; 11:20), 거짓말(11:22), 위선(15:8), 악행(15:9), 악한 생각(15:26), 교만(16:5), 불공평(17:15), 부정직한 상거래(20:12, 23)이다. 6장 16~19절에도 그것이 나열되어 있다. 여호와께서는 도덕적으로 온전하고(참조, 13절) 진실한(12:22) 자를 기**뻐**하신다.

11:21 '피차 손을 잡을지라도'는 '손에 손'(16:5하)이란 숙어를 번역한 것이다. 이것은 거래를 끝내고 협정에 대한 동의로 악수하는 것을 언급한 숙어로 보인다. 확실한 것은 악인이 벌을 면치 못할 것이고, **의인은 그렇지 않다**는 것이다.

11:22 이스라엘 여인들은 오늘날의 귀걸이나 반지처럼 장식용으로 코걸이를 했다. 코걸이로 더러운 동물로 유명한 돼지에게 금 **고리**를 걸어 주어서 치장시키는 일은 얼마나 걸맞지 않는 일인가! 마찬가지로 여자의 육체적인 아름다움으로 사리분별(도덕적 인식)의 부족을 채울 수 있다고 생각하는 것도 어울리지 않는 일이다. 이 구절은 **아름다운 여인과 추**

한 돼지를 비교함으로써 색다른 충격을 준다. 분별력 없는 외향적인 여성의 아름다움은 무가치하고 도덕적으로 추한 것이다. 이 구절은 잠언에서 처음으로 '같으니라'라는 표현을 사용했다. 이것이 소위 상징적 평행법(emblematic parallelism)이다.

11:23 의인이 바라는 것(참조, 10:24; 13:4)은 선하다. 반대로 악인의 소망(10:28; 11:27)은 결국 진노(참조, 11:4)를 이룬다. 이것은 하나님의 진노가 악인에게 임하여 그들의 욕망을 꺾어 놓는다는 뜻이거나, 악인은 그들의 진노를 표출하기만을 원한다는 뜻이다.

11:24~26 이 구절들은 관대함을 권장한다. 흩어 구제함으로써 풍부하게 된다. 겉으로 보기에 이것은 하나의 역설이다(참조, 고후 9:6). 반면에 명백히 궁핍에 처해 있는 남들을 돕지 않는 인색한 사람은 항상 빈곤하게 될 것이다(참조, 28:22). 구제를 하는 사람은(11:25) 풍족해지고 도움을 돌려받는다(참조, 17절). 농경 사회에서 곡식(26절)은 중요한 교환 수단이었다. 곡식을 쌓아 놓고 팔지 않는 것은 가격에 대단히 큰 영향을 미쳤다. 그러나 그것을 쌓아 놓지 않고 파는 사람은 다른 사람들에게 복이 된다.

11:27~28 사람이 다른 사람들을 위해 선한 것을 구하면(샤하르[שָׁחַר]: 새벽을 기다리는 것같이 '일찍부터 또는 간절히 바라다') 남들로부터 은총(라촌[רָצוֹן]: 인정. '은총'에 대한 8:35의 주해를 보라. 참조, 14:9)을 돌려받게 된다. 11장 17상, 25절에서처럼 그것은 보답을 가져온다. 사람이 다른 사람들에게 악(비탄 또는 비극)이 임하기를 구하면 그것이 자신에게 임하게 될 것이다(참조, 11:17절하). 돈을 소유하는 것이 나쁘지는 않

지만 돈을 소유하는 것이 덧없는 것이기 때문에(참조, 시 62:10; 잠 23:5; 27:24; 약 1:11), 그것을 의지하는 것은 좋지 않다(참조, 딤전 6:9~10). 그러나 의인은 여호와를 의지함으로 **푸른 잎사귀같이 번성한다**(참조, 잠 11:30의 나무; 시 1:3~4; 92:12~15; 렘 17:7~8).

11:29 자기 집 가족을 해롭게 하는 자는 재산을 물려받지 못하고 단지 바람만 얻게(아무것도 받지 못하게) 될 것이다. 그런 **미련한** 자는 부자가 되거나 종을 소유하게 되지 못하고 오히려 **종**이 될 것이다!

11:30 의인의 열매는 다른 사람들을 위한 의미 있는 삶의 근원인(참조, 11:28의 '잎사귀') 생명 나무이다(참조, 3:18; 13:12; 15:4). 이것은 미련한 자가 그의 가족에게 해를 입히는 것(29절)과 대조된다. '사람을 얻는다'라는 표현은 영혼 구원이나 전도를 뜻하는 것이 아니다. '얻다'가 문자적으로 '매혹하다, 취하다'를 뜻하므로, 이 표현은 의인이 다른 사람들을 지혜로 이끈다는 의미일 것이다. 이러한 해석은 그 열매로 다른 사람들에게 생명을 주는 나무를 언급한 상반절과 일맥상통한다.

11:31 의인이라도 악행을 저질렀을 때 이 세상에서 보응을 받아야 한다면, 죄와 악을 행한 자들이야 더 말할 것도 없을 것이다(참조, 21절). 이 구절의 전반부가 의인은 이 세상에서 복을 받는다는 것을 뜻할 수도 있다. '하물며'는 15장 11절, 17장 7절, 19장 7, 10절, 21장 27절에도 나타난다. 11장 31절은 29~30절의 요약이다.

12:1 훈계(무싸르[מוּסָר]: 도덕적 훈련, 교정. 참조, 1:2, 7; 10:17)를 좋아

하는(즉 기꺼이 받아들이는, 갈망하는) 것은 자신이 **지식을 좋아하는**(갈망하는) 자임을 나타내는 것이다. 바른 길로 가기를 원하는 것은 지혜롭게 되기를 원하는 것이다. 징계를 싫어하면(거부하거나 멸시하면) 자신이 **짐승**(바아르[בַּעַר]: 짐승같이 야만적이거나 어리석음. 참조, 30:2)임을 보여 주는 것이다. 유사한 사상이 12장 15절, 13장 1, 13, 18절, 15장 5, 10, 12, 31~32절에도 나타난다.

12:2 잠언서는 의인과 지혜로운 사람을 묘사하기 위해 정직한(11:3, 11), 완전한(11:5), 명철한(11:12), 신실한(11:13), 인자한(11:17), 구제를 좋아하는(11:25), 슬기로운(12:16, 23), 진실하게 행하는(12:22)과 같은 많은 단어를 사용한다. 이 구절의 선도 의인의 또 다른 성품이다. 그런 사람은 하나님의 은총(라촌[רָצוֹן]: 인정. 8:35의 주해를 보라)을 받는다. 그러나 **악을 꾀하는**(참조, 14:17) 자나 속이기에 빠른 자는 은총을 받지 못하는 것은 물론이고 하나님의 정죄('유죄 판결'. 참조, 출 22:9)를 받게 된다.

12:3 이스라엘 사람들은 그들의 땅에 정착해서 안정적으로 사는 것을 높이 평가했다. 그러나 아무도 그것을 경험하지 못했다(참조, 7절; 10:25). 악인은 뿌리째 뽑힌 나무같이 될 것이다. 이것은 포로 됨이나 죽음을 묘사한 것이다.

12:4 어진 성품의 여인(참조, 31:10; 룻 3:11)은 그 지아비의 면류관이다. 즉 그녀의 성품의 힘(하일[חַיִל])이 그 남편을 당당하고 영화롭게 한다. 반대로 **욕을 끼치는 여인**(정숙하지 않거나 도덕심이 뛰어나지 못한 여인)은 그 지아비의 뼈를 썩게 만든다(참조, 잠 3:8의 주해). 그녀가 당하는 수치

가 남편의 마음에 고통을 안긴다.

12:5 5~8절은 의인과 악인을 대조시킨다. 의인은 자신과 다른 사람들을 위한 정직한 **생각**과 의도를 가지고 있지만, 악인은 부정직하고 이기적인(굽은, 8절) 도모로 다른 사람들을 속인다. 사람의 생각과 말은 보통 그의 성품과 일치한다.

12:6 악인은 5절에 언급된 것처럼 속이는 말로 조언하여 다른 사람들을 파멸시키려 한다. 그러나 **정직한** 자는 한담과 중상으로 상처 입은 피해자를 구원하려고 노력한다.

12:7 악인이 다른 사람들을 해하려 하지만(6절) 그 자신이 죽음에(참조, 1:18) 엎드러진다. 그들이 놓은 올가미에 그들이 걸려든다. 그들은 소멸되어 더는 존재하지 않게 된다. 그러나 의인의 **집**(가족)은 안전하다(참조, 12:3; 14:11).

12:8 의인과 악인을 향한 사람들의 태도는 대조적이다. **지혜**(세켈[לֶכֶשׂ]: 신중, 공평. 참조, 1:3) 있는 자는 칭찬을, **마음이 굽은** 자는 멸시를 받게 된다. '굽은'으로 번역된 아와(עָוָה)는 잠언에서 '구부러진'이라는 뜻으로 사용된 여러 단어 가운데 하나이다. 그들의 생각은 비뚤어져 있다.

12:9 9~11절은 가정의 상황에 대해 언급한다. 이 구절은 접속사 '그러나'를 사용하는 대신 '~가 ~보다 낫다'라는 구문을 사용해 대조를 표현한다. 이 구문은 9절을 필두로 잠언서에 모두 19번 나온다(9절; 15:16~17;

16:8, 16, 19, 32; 17:1, 12; 19:1, 22; 21:9, 19; 22:1; 25:7, 24; 27:5, 10; 28:6).

자신이 높은 사람인 체하면서 굶는 것(참조, 13:7)보다는 **비천히 여김을 받거나** 비천한 사람인 체하면서도 종을 부릴 수 있는 명예로운 위치에 있는 것이 낫다. 상에 음식조차 올릴 수 없는 사람이 그런 주장을 한들 무슨 소용이 있단 말인가?

12:10 의인은 자신뿐만 아니라 가족까지 돌아본다. 그는 자비로운 사람인지라 가축까지도 보살핀다. "자기의 **가축의 생명을 돌보다**"는 문자적으로 "그의 가축의 혼을 안다"라는 뜻이다. 그는 동정하는 마음으로 그 가축의 생명에 필요한 것을 알고 있다(참조, 27:23). 반대로 악인의 **긍휼**은 실로 **잔인함**이다. 그는 그의 가축을 어떻게 돌보아야 하는지를 제대로 알지 못한다.

12:11 부지런하게 일하면 많은 **양식**을 얻게 된다(참조, 28:19상. 또한 14:23도 주목하라). 그러나 정신적으로나 육체적으로나 **방탕한** 것을 추구하게 되면 농사일을 하지 못해 먹을 것이 **없게** 된다(참조, 28:19하). 다른 생각을 하면서 본래 일을 경시하는 것에서 **지혜가** 부족함을 볼 수 있다(6:23; 10:13의 주해를 보라).

12:12 악인은 다른 악인이 부정한 방법으로 얻은 것을 탐한다. 불의는 문자적으로 '그물'인데, 그물에 걸려드는 것을 뜻한다. 악인이 훔친 것은 일시적인 것이나(참조, 1:19; 10:2~3; 11:4~5), 의인은 그 뿌리로 말미암아 결실한다. 의인은 탄탄한 뿌리(참조, 10:30)로 말미암아 푸르게 되고

(참조, 11:28) 열매를 맺는(참조, 11:30) 나무와 같다.

12:13 13~20, 22~23절은 서로 다른 방식으로 옳은 말과 바르지 못한 말에 관해 언급한다(참조, 10:11~14, 18~21, 31~32; 11:11~13). 그물에 걸린다는 표현은 잠언서에 자주 쓰인 표현이다(11:6의 주해를 보라). 의인은 의롭고 바르게 말하기 때문에, 악인이 그가 말한 것에 걸리는 것과 같이 되지 않는다. 그는 환난에서 벗어난다(참조, 11:8, 21; 12:21).

12:14 입의 열매는 사람이 한 말이다(참조, 13:2). 말이란 다른 사람들뿐 아니라 자신에게도 복을 가져다준다(참조, 11:17). 확실한 것은 아닐지 모르나, 이 유익은 손이 행하는 대로 얻는 것만큼이나 크다.

12:15~16 여기에 미련한 자와 지혜로운 자의 두 가지 차이점이 나와 있다. 미련한 자(에윌[אֱוִיל]: 완고하고 둔하고 미련한 자)는 그의 행위가 바른 줄로 여겨(참조, 21:2) 권고를 받아들이지 않는다(참조, 1:7). 그는 괴로움을 당할 때 즉시 분노를 드러낸다. 지혜로운(슬기로운. 12:25의 주해를 보라) 자는 오히려 권고에 마음을 열며(참조, 10:17; 11:14; 12:1), 수욕에 괴로움을 당하지 않는다. '참는다'는 것은 수욕을 무시해 버린다는 것이 아니라 그것에 대한 반응을 조절하거나 용서하는 것을 뜻한다. 이 단어(카싸[כָּסָה])는 10장 12절에서 '가리다'로, '수욕'은 11장 2절에서 '욕'으로 번역되었다.

12:17 의인의 올바른 말은 법정에서 행한 그의 정직한 증언에서 드러난다('나타내다'는 '튀어 나오다' 또는 '돌발하다'를 뜻하는 강의형[强意形]

동사다). 그러나 불의한 자는 법정에서 고의로 거짓말을 한다(6:17, 19; 14:5, 25; 19:5, 9; 21:28).

12:18~19 함부로 하는 말은 상처를 입힐 의도로 한 것은 아니더라도, 칼같이 상처를 주고 찌를 수 있다. 그런 말은 충분히 생각하고 나온 것이 아니다. 생각 없이 말하는 사람은 조심성 없는 말이 해를 끼친다는 사실을 잘 보여 주지 않는가? 그러나 **지혜로운** 마음에서 나온 말은 대적을 의롭게 할 수 있다. 상처를 입히는 대신 치유할 수 있다(참조, 15:4). 부드럽고 용기를 주고 진실한 말은 **영원히 보존되지만** 거짓과 속임은 그렇지 못하다. '잠시 동안'은 문자적으로 '눈 깜짝할 순간'을 뜻한다(참조, 욥 20:5).

12:20 잠언서에서 매우 자주 언급되듯이, 속임은 악인의 특성이나(5절; 6:14; 11:18; 14:8; 15:4; 26:19, 24, 26), 희락은 다른 사람의 **화평(샬롬**[מִי הָפ])을 원하고 그것을 위해 일하는 사람에게 임하는 것이다. '꾀하는'에 관해서는 3장 29절의 주해를 보라.

12:21 의인은 희락(20절)뿐 아니라 보호도 경험한다. '임하지'는 '일어나도록 허락되지'로 번역될 수 있다. 반대로 악인은 앙화를 겪게 된다(참조, 11:8, 21; 시 32:10).

12:22 다시 거짓말에 관해 언급된다(참조, 17, 19절; 21:6; 26:28). 여호와께서는 거짓말이 당신의 진리의 표준에 직접적으로 반대되므로 미워하신다(참조, 시 31:5. 하나님이 미워하시는 것에 관해서는 잠 11:20의 주해 참조). 진실함은 공의를 확장시키므로 권장된다(참조, 12:17, 19; 14:5, 25).

12:23 슬기로운 자는 자기의 지식을 과시하려 들지 않는다. 그는 미련한 것을 내뱉는 미련한 자와 같지 않다. '슬기로운'은 아룸(עָרוּם)의 번역으로, 좋은 의미에서 '빈틈없는'을 뜻하며, 잠언서(12:16, 23; 13:16; 14:8, 15, 18; 22:3; 27:12) 외에는 욥기(5:12; 15:5)에만 나온다.

12:24 이 구절과 27절, 그리고 10장 4절, 13장 4절(참조, 12:11)에서 근면함과 나태함이 대조된다. 부지런한 자가 다스리게 된다는 것은 그가 관리가 된다는 말이 아니라 어떤 일을 맡더라도 잘 해낸다는 뜻이다. 한편 게으른 자는 노예나 종이 되어(참조, 11:29) 결국 열심히 일할 수밖에 없게 된다.

12:25 오늘날 의학과 심리학 분야에서 잘 알려진 바와 같이, 근심은 사람을 번뇌하게(문자적으로 '꿇어 엎드리게, 눌리게') 한다. 그러나 마음 깊은 곳에서 나오는 선한 말은 근심하며 낙심에 빠진 사람을 세워 주며 즐겁게 할 수 있다(참조, 18절).

12:26 의인은 아무나 친구로 삼지 않는다. 그는 조심스럽게 친구를 선택한다. '인도자가 되다'는 '조심스럽게 찾다'(참조, 신 1:33), 혹은 '조사하다'(참조, 전 7:25)로 번역될 수 있다. 그러나 악인은 누가 친구가 되든 개의치 않는다. 악인은 다른 악인들을 인도하며 미혹하여 그들 모두가 옳지 못한 길에 있게 한다.

12:27 게으른 자(참조, 24절)는 사냥한 것을 굽지 않는다(개역성경의 난외주를 참조하라). 하라크(חָרַךְ)는 구약성경에서 이곳에만 사용된 단어로,

이 구문을 정확하게 번역하기가 어렵다. 게으른 자가 식물을 얻으러 가지 않음을 뜻하거나, 너무 게을러서 잡은 것을 요리하지 않음을 뜻하는 것으로 추정된다. 그러나 부지런함은 사냥꾼이 그가 사냥한 것을 가치 있게 만들도록 이끈다. 게으른 자는 그가 가지고 있는 것도 가치 있게 사용하지 못한다.

12:28 공의로운 길은 **생명**으로 인도한다. 여기서 '생명'은 영생을 말하는 것이 아니라 현재의 복을 의미하는 것으로 보인다(3:18의 주해를 보라). 이 구절의 둘째 행은 어려운 히브리어 구문이다. "그 길에는 **사망이 없느니라**"라는 번역은 훌륭한 번역이다. 어떤 학자들은 구약성경에 불사(不死)의 개념이 없다고 하나, 몇 구절에 확실히 그런 사상이 나타난다(예, 욥 19:25~27; 시 16:10; 사 25:8).

13:1 1~3절은 말에 관해 다룬다. **지혜로운 아들**(참조, 10:1)은 부모의 훈계를 받아들인다(참조, 12:1의 주해). 교훈을 잘 받아들이는 지혜로운 아들의 반대는 **거만한 자**(14:6; 15:12; 17:5; 19:29; 21:11; 22:10; 24:9; 30:17)인데, 그는 **꾸지람을 듣지도 않고** 교훈을 얻지도 않는다(1:23의 주해를 보라).

13:2 상반절은 12장 4상반절과 흡사하다. '**입의 열매**'란 말을 의미하는 것인데, 여기서는 분명히 의인의 말을 뜻한다. 긍정적인 말을 하고 말로 남을 도우면(참조, 12:18절하) 복을 받게 된다. 마음이 **궤사한 자**(믿을 수 없는 자)는 남을 돕기는커녕 악의에 찬 말과 행동으로 해를 끼친다(참조, 13:4의 '마음으로 원하여도').

13:3 말을 조심해서 하는 자는 곤란을 면케 된다(참조, 14:3; 21:23). 그러나 성급하게 말하는(생각 없이 급하게 말하는. 참조, 12:18) 사람은 자신뿐 아니라 다른 사람에게도 **멸망**이 임하게 만든다(참조, 10:8, 14). 그는 조심성 없는 말로 지킬 수도 없는 것을 약속하고, 사적인 비밀을 누설하며, 기분을 상하게 하고, 왜곡시켜 전달하기도 한다. 사람들은 그의 말을 믿지도 않고, 그 주위에는 가고 싶어 하지도 않게 된다. 그는 육체적으로나 경제적으로 고통을 받게 될 것이다.

13:4 게으른 자(참조, 6:6의 주해)는 마음으로는 원하지만(마음속 깊은 곳에 있는 육체적 욕구나 욕망을 말한다. 참조 13:2) 일을 할 마음이 없기 때문에 그의 욕구는 성취될 수 없다. 그러나 부지런한 자(12:24의 주해를 보라)는 **풍족함**을 얻을 수 있다(참조, 11:23).

13:5 8장 13절에 언급된 대로, 여호와를 경외한다는 것에는 하나님이 미워하는 것을 미워한다는 것이 내포되어 있다. 하나님이 거짓말을 미워하시므로(12:22), **의인**도 그것을 미워한다. 거짓말은 사람의 품위를 떨어뜨리고 불신과 부정을 낳는다. 그러나 악인은 거짓말을 좋아하여 자신과 다른 사람들에게 **부끄러움**과 치욕을 안겨 준다.

13:6 공의와 지혜로운 삶은 사람을 **보호한다**(참조, 3절; 2:11; 4:6. 또한 12:21을 주목하라). '정직한'에 관해서는 11장 3절의 주해를 보라. 반면 악하고 지혜롭지 못한 삶은 **죄인**을 보호해 주지 못한다. 그는 쉽게 패망할 뿐이다.

13:7 '~체하여도'는 가장하는 것이라기보다 오히려 삶의 방식으로 보아야 한다. 어떤 사람은 물질적으로는 부하나 사회적으로 혹은 영적으로는 그렇지 않다. 반대로 다른 사람은 물질적으로는 가난해도 영적으로는 부하다.

13:8 '재물'과 '가난'이라는 단어가 이 구절을 앞 구절과 연결시켜 준다. 부한 사람은 돈(자기 **생명의 속전**)을 써서 곤란으로부터 벗어나야 할 때가 있지만, 가난한 사람은 유괴를 당하거나 도둑맞을 위험이 없다. 가난도 최소한 한 가지 장점은 있다.

13:9 빛과 등불은 보통 은유로 쓰이는데(참조, 6:23; 20:20; 21:4; 24:20; 욥 18:5~6; 시 119:105), 여기서는 육체적인 생명을 뜻한다. 근동에서는 밤에 등불이 꺼지면 그 주위는 캄캄하고 짙은 죽음의 어둠으로 둘러싸일 수밖에 없다. 의인은 징수할 것이나, 악인은 단명할 것이다.

13:10 교만(자돈[זָדוֹן]: 자이드[זִיד] : 끓어오르다에서 파생. 참조, 11:2)은 고집 센 거만을 뜻한다. 무엇이나 혼자 아는 체하는 우쭐한 태도는 다툼을 일으킨다. 반대로 겸손하고 지혜로운 태도는 기꺼이 **권면**을 듣고 배우게 해 준다(참조, 12:15; 6:17~19 주해 부분에 실린 도표 〈말에 관한 잠언서의 가르침〉에서 '말다툼' 항목).

13:11 불법적으로 **망령되이 얻은 재물**(참조, 10:2의 '불의의 재물')은 오래가지 못한다(참조, 10:2; 13:22; 23:5). 반면에 정직하게 조금씩 모으면 돈이 늘어 갈 수 있다.

13:12 소망을 갖는 것은 좋은 일이지만, 오랫동안 그것이 이루어지지 않으면(더디 이루어지면) 낙심하게 된다(마음이 상하게 된다). 그러나 소원이 이루어지면(참조, 4, 19절) 다시 힘을 얻게 된다. 소망의 성취는 생명을 주는 나무(참조, 3:18; 11:30; 15:4의 **생명 나무**)같이 용기를 준다.

13:13 부모나 다른 이의 말씀을 멸시하면 죄에 대한 '대가'를 치르고 벌을 받게 된다. 그러나 계명을 존중하여 따르면 복을 '상'으로 받는다. '**멸시하다**'는 부즈(בוז : 경멸하다, 조롱하다, 모욕하다. 참조, 14:21, 1:7의 주해)의 번역이다.

13:14 지혜 있는 자의 교훈을 받아들이고 주의하는 것은 **생명의 샘**(10:11; 14:27; 16:22)과 같이 기운 나게 하고 생명을 유지시켜 준다. 또한 지혜로운 교훈은 **사망의 그물**에서(14:27하반절에 동일한 표현이 사용됨) 벗어나게 해 준다. 여기에서 지혜는 짐승을 갑자기 낚아채는 덫으로 묘사된다. 그래서 때 이른 죽음을 막아 준다(참조, 1:32~33; 2:11; 4:20~22; 8:35~36). 이 구절의 둘째 행은 종속절로, 10~15장의 구절 대부분이 반어적 평행법인 데 반해, 이 구절은 종합적 평행법을 이룬다(서론의 '문학 양식'을 보라).

13:15 **선한 지혜**는 세켈 토브(שכל־טוב)의 번역으로, 3장 4절에서는 '귀중히 여김'으로 번역되었다(3:4의 주해를 보라). 이 단어는 3장 4절과 이 구절에서 **은혜**(헨[חן] : 은총)와 연관되어 있다. 대조적으로 **사악한**(문자적으로 '믿을 수 없는') 자의 삶은 험하다. '험하다'로 번역된 에탄(איתן)은 강물처럼 '늘 흐르는'(시 74:15), 나라와 같이 '오랜'(렘 5:15), 지도자들같이 '오

래 세워진'(욥 12:19. 개역성경은 '권력이 있는'으로 번역됨 – 역자 주)을 뜻한다. 아마 여기서는 굳어지고 계속되는 악인의 행위를 뜻하는 것으로 보인다. 그들의 삶의 방식은 이미 굳어져서 돌이키기 어렵다는 것을 그들은 안다.

13:16 일반적으로 사람의 행위는 성품과 일치한다(참조, 4:23~24). 지식이 있는 자에게서는 슬기로움(아룸[עָרוּם]: 좋은 의미에서 '빈틈없는.' 참조, 12:23의 주해; 12:16)이 보이나 미련한 자(크씰[כְּסִיל]. 1:7의 주해를 보라)는 자신의 미련한 것(참조, 12:23하)을 "보따리장수가 자기 물건을 사람들 앞에 풀어놓듯이"(Crawford H. Toy, *A Critical and Exegetical Commentary on the Book of Proverbs*, p. 273) 나타낸다.

13:17 신뢰할 수 없는 사자는 재앙에 빠져(아마 게으름[참조, 10:26]이나 어리석은 행위[참조, 26:6] 때문에) 낙심하게 되지만, 충성된 사신은 양약이 된다. 즉 그가 섬기는 사람의 건강에 도움이 된다.

13:18 훈련이 없으면 사람이 게을러지고 다른 사람들도 그를 부끄럽게 여기기 때문에, 훈계(무싸르[מוּסָר]: 도덕적인 훈련, 교정. 참조, 1:2)를 무시하게 되면 궁핍과 수욕을 당하게 된다. 그러나 경계(설득)에 주의하면 존영을 얻게 된다. 잠언서에는 권고를 받아들이라고 하는 말이 자주 나온다(예, 12:1; 13:1, 13).

13:19 이 구절과 20절의 주제가 다르긴 하지만 '미련한 자'란 단어가 두 구절을 묶어 준다. 19하반절은 12하반절과 같이 소망이나 꿈이 실현되었

을 때 얻는 만족과 기쁨에 대해 말한다. 한편 미련한 자들은 계속 그들의 죄에 거한다. 이 말에는 그들의 소망이 **성취되지** 않는다는 의미가 담겨 있다.

13:20 지혜를 얻는 한 가지 방법은 친구든 선생님이든 지혜로운 사람과 사귀는 것이다. 역으로 **미련한** 자와 사귀면 문제가 생기게 된다. '사귀다'로 번역된 로에(רֹעֶה)와 '해를 받다'로 번역된 예로아(יֵרוֹעַ)는 발음이 거의 같다. 좋고 나쁜 사귐의 영향은 잠언서에 나타나는 보편적인 주제다(1:10~11; 2:12; 4:14~17; 16:29; 22:24~25; 23:20~21; 28:7).

13:21 21~23절은 궁핍과 번성에 관한 것이다. 죄인에게는 재앙이 뒤쫓아 오는 짐승같이 닥친다. 그는 달아날 수도 없다. 그런 재앙들 중 하나는 25절에서 언급된 굶주림이다. 잠언서에서 지혜롭고 부지런한 사람과 동일시된 의인은 삶에서 선한 것을 누리는데, 이것은 잠언서에 자주 나오는 또 다른 주제이다(3:2; 8:18; 10:6,22; 21:21; 28:25). 이 구절의 명제는 예외가 없는 것은 아니나 일반적인 진리이다.

13:22 도덕적으로 선한 **사람**은 복을 많이 받아서 그의 유언에 손자들 몫까지 포함해서 그들을 도울 수 있다. 그러나 죄인이 얻는 **재물**은 잃어버리게 되고, 결국은 **의인**의 손에 넘어가게 된다. 아마 이런 일은 죄인이 그의 자산을 미련하고 지혜롭지 못하게 운용하기 때문에 일어나는 일일 것이다.

13:23 가난한 자가 노동함으로써 자신이 먹을 충분한 양식을 생산할지라

도(참조, 12:11상), 불의를 막지 못하면 그것을 잃을 수밖에 없다. 13장 22절은 재산을 잃게 되는 죄인을 말하고 있고, 이 구절은 그런 죄인들의 손에서 고통 받는 자들에 대해 말하고 있다.

13:24 24~25절과 14장 1~4절은 가정에서 일어나는 여러 상황에 대해 말한다. 자식을 사랑하는 부모는 자식들에게 매를 들어 일시적인 고통을 줌으로써 훈계를 받지 못할 때 당하는 재난을 피하게 한다. 자식에게 징계가 필요한 때에 징계하지 않는 것은 부모의 진정한 사랑과 관심에 문제가 있음을 보여 주는 것이다. 19장 18절, 22장 15절, 23장 13~14절, 29장 15, 17절도 자식 징계에 관한 내용을 다루고 있다. 하나님 역시 그분의 자녀를 징계하신다(참조, 3:11~12; 히 12:6).

13:25 하나님은 의인의 육신적 필요를 공급하신다.

14:1 지혜로운 여인과 미련한 여인은 아마 9장 1, 13절에서 인격화된 지혜와 어리석음이 아니라 실제 사람을 언급하는 것으로 보인다. **집을 세운다**는 것은 실제의 집을 건축하는 것이 아니라 집안을 돌보고 번성하게 하는 것을 언급한 것으로 보인다. 지혜로운 여인이 집안을 세워가는 데 반해, 미련한 여인은 집안을 소홀히 돌보면서 미련하게 살아간다.

14:2 여호와를 경외하거나(1:7의 주해를 보라) 그분을 경멸하는 태도는 사람의 행위에서 드러난다. 사람의 행위도 **정직하거나 패역하다**(참조, 2:15).

14:3 미련한 자(에윌[אֱוִיל]: 거만하고 완고하게 살아가는 자)는 입 때문에 등(참조, 10:13; 26:3)에 매(13장 24절의 '매'와 같은 단어가 아님)를 맞는다. 그러나 **지혜로운 자**는 말 때문에 그런 벌을 받지 않고 자기를 보전한다(참조, 13:3).

14:4 농부에게 밭을 갈 소가 **없으면** 우리의 **구유**(여물통)는 깨끗할 것이다. 즉 비어 있을 것이다. 그러나 시간과 돈을 들여 소를 먹이고 깨끗이 해 주면 소가 밭을 경작함으로써 많은 양식, 즉 풍성한 수확을 얻게 될 것이다. 어떤 일이라도 좋은 결과를 얻으려면 시간과 돈과 노력을 투자해야 한다.

14:5 신실한 증인과 거짓 증인의 대조가 12장 17절, 14장 25절에도 언급된다. 법정에서의 거짓 증언은 19장 5, 9절, 21장 28절, 24장 28절, 25장 18절에서도 비난의 대상으로 언급된다.

14:6 잠언서에서 '거만한 자(13:1의 주해를 보라)가 지혜를 구한다'는 말은 찾아보기 어렵다. 이 말은 그들의 문제가 지혜를 원하지 않는 것이 아니라, 우선적인 조건인 여호와를 경외하지(1:7; 9:10) 않는다는 것을 보여준다. 거만한 자도 지혜를 찾기는 하지만 잘못된 곳에서 찾는다. 영적인 일에 명철한 사람은 쉽게 **지식**을 얻는다. 그들은 어디에서 참된 지식을 찾을 수 있는지를 안다.

14:7 미련한 자에 대한 진술이 7~9절에 포함되어 있다. 7절은 10장 1절부터 시작하는 단락에서 제일 먼저 나오는 명령문이다. 이 구절 역시 둘

째 행이 첫째 행을 설명하는 종합적 평행법 형식이다. 사귐이란 좋든 나쁘든 영향을 끼치므로(참조, 13:20) **미련한 자**(크씰[כְּסִיל])와 함께 있지 말아야 한다. 왜냐하면 그들은 **지식 없이 말하기 때문이다.** 젊은 사람에게 그들이 줄 수 있는 것은 아무것도 없다.

14:8 슬기로운(아룸[עָרוּם]: 좋은 의미에서 '빈틈없는.' 참조, 18절; 12:23의 주해) 자는 모든 일을 자세히 살피기 때문에 쉽게 속지 않지만, 미련한 자는 그의 어리석음(참조, 14:18, 24, 29) 때문에 실패하게 된다. 그들은 자기의 길이 옳다고 생각한다(12:15).

14:9 미련한 자는 죄를 범하고도, 행실을 고쳐야 한다는 것을 비웃는다. 그러나 죄의 길에서 돌이키지 않는 미련한 **자들과 달리 정직한 자는 은혜,** 즉 하나님과 사람에게 용납(라촌[רָצוֹן]에 관해서는 8:35의 주해를 보라) 받게 된다.

14:10 마음의 고통과 즐거움은 자기 외에는 아무도 충분히 알 수 없다. 그것은 자신의 영혼 속에 있는, 혼자만 느낄 수 있는 개별적인 것이다.

14:11 11~14절의 주제는 마지막 운명이다. 악한 **자의 집**(소유 또는 식구들)은 파괴되어 계속되지 않을 것이다. 그러나 정직한 자의 **장막**(소유 또는 식구들)은 **흥할 것이다**(문자적으로, '싹이 나다'). 이것은 성장과 번영과 안정을 묘사한 것이다.

14:12 이 구절은 16장 25절에서 그대로 반복된다. 어떤 길(삶)은 사람이

보기에 **바르다**(평탄하다, 곧다). 그러나 그것은 사망의 길이므로 죄와 어리석음의 길이다(참조, 5:5, 23; 7:27; 9:18; 11:19; 21:25). 죄를 짓고서 벌을 받지 않을 수는 없다.

14:13 진정 마음에 고통이 있더라도, 웃음으로써 삶을 즐기고 있다고 하는 인상을 줄 수도 있다(참조, 10절; 15:13하). '즐거움의 끝에 근심이 있다'는 어구는 변하는 인간 감정의 특성이나 어떤 슬픔에 의해서도 때 묻지 않고 깨끗한 채로 남아 있는 즐거움은 거의 없다는 사상을 보여 준다.

14:14 악인이나 의인이나 – 마음이 굽은 자(문자적으로 '마음으로 배교한 자')나 선한 자나 – 누구든지 그들의 행위에 따라 보상을 받는다(참조, 1:31). 사람은 심은 대로 거둔다(갈 6:7).

14:15 15~18절은 어리석은 자의 길에 대해서 말하는데, 어리석은 자와 슬기로운 자에 대한 언급으로 시작해서 그것으로 끝맺는다. 어리석은(프티[פֶּתִי]: 단순한, 무지한. 1:4의 주해를 보라) 자는 쉽게 휩쓸리지만(예, 7:7~10, 21~23), 슬기로운(아룸[עָרוּם]. 참조, 14:8, 18; 12:23의 주해) 자는 먼저 생각하고 행동한다.

14:16 지혜로운 자는 (여호와를) 두려워하고 악을 떠난다(참조, 3:7; 8:13; 16:6; 시 7:10). 이 구절에 '여호와'라는 단어가 명시되어 있지 않지만 암시되어 있는 것으로 보인다. 어리석은 자는 충동적인(방자한) 성격 때문에 악에 대해 거침이 없다(개의치 않는다).

14:17 노하기를 속히 하는 자란 어구는 이 구절과 앞 절을 연결하는 역할을 한다. 그런 사람은 **어리석은 일을 행한다**(참조, 29절; 15:18). '격노하는 것'(분을 참지 못하는 것)이 어리석은 짓을 하게 만드는데, 그것 때문에 나중에 후회를 하고 쏟아진 물 보듯 하게 될지도 모른다. **계교**(므짐마[מְזִמָּה]. 1:4의 주해를 보라)**를 꾀하는**(참조, 12:2) 자가 다른 사람들과 함께 살고 일하기는 더욱 어렵다. 남을 밟고 자신의 출세를 위해 꾀를 쓰고 남몰래 행하는 사람은 믿을 수 없는 사람이기 때문에 다른 사람에게 미움을 받게 된다. 그는 잘못된 길을 가고 있는 것이다(14:22).

14:18 어리석은 자(참조, 15절의 주해)는 지혜가 아니라 어리석음을 **기업으로 받는다**(참조, 24절). 그와 반대로, **슬기로운 자**(8절의 주해를 보라. 참조, 15절)는 보다 많은 **지식**으로 복을 받는다.

14:19 악인은 선인 앞에 엎드릴 것이다. 현실에서는 거의 그렇지 않기 때문에 – 항상 반대 양상을 보인다 – 이 구절은 악인이 경건한 자의 지배를 받는 미래 상황을 말하고 있는 것으로 보인다.

14:20~21 20절은 가난한 이웃을 기피하는 사람들에 대해 말한다. 21절에서는 이러한 일을 죄로 규정한다. 가난한 사람들은 가난으로 생기는 경제적인 좌절에 더하여 사람들로부터 외면당하는 사회적인 고통도 자주 겪는다(참조, 19:4, 7). 20절에는 가난한 자들이 겪는 사회적인 고통과 많은 사람이 **부요한 자**와 친구가 되기를 원한다는 사실이 대조되어 있다. 21절에는 가난한 이웃을 미워하는 것과 자비를 베푸는 것이 대조되어 있다. **업신여기는**(부즈[בּוּז]: 경멸하다, 멸시하다, 비웃다. 참조, 13:13의 '멸

시', 1:7의 주해) 태도는 죄다. 반대로 빈곤한 자를 불쌍히 여기는 자(참조, 14:31; 19:17; 28:27)는 여호와께로부터 복을 받는다.

14:22 이 구절에는 10장 1절부터 시작되는 단락 중 첫 번째 질문이 들어 있다. **악을 도모하는**('도모하다'에 관해서는 3장 29절의 주해를 보라) 사람은 바른 삶의 길에서 벗어난다. 반대로 남을 위해 **선**(참조, 14;21의 '불쌍히 여김')을 도모하는 사람은 **인자**(헤쎄드[חֶסֶד]: 신실한 사랑)와 **진리**(참조, 3:3; 16:6; 20:28)가 있는 사람이다.

14:23 모든 수고에는 결과가 있으나(참조, 10:4; 12:11, 24) 일에 대해 말만 하는 사람은 가난하게 된다(6:10~11). 잠언서에 언급된 가난의 다른 원인들은 인색함(11:24; 28:22), 성급함(21:5), 쾌락(21:17), 학대(22:16), 편파적인 대우(22:16)이다.

14:24 지혜로운 자는 부지런하여(14:23) 면류관을 쓰게 된다. 즉 **재물**(참조, 3:16; 8:18, 21; 15:6; 22:4)의 복을 받는다. 그러나 미련한 행위는 복이 아니라 더 심각한 **미련함**을 드러낸다(참조, 18절).

14:25 법정에서의 진실한 증언은 **생명**을 구할 수 있으나, 고의적으로 속이는 거짓 증언은 죄인을 석방하고 무죄한 자를 죽거나 갇히게 한다. 재판에서 **증언하는**(참조, 5절) 사람들은 중요한 자리에 있는 것이다. 그들은 다른 사람의 생명에 지대한 영향을 끼칠 수 있다.

14:26~27 이 두 구절은 여호와를 경외하는 것에 대한 언급으로 서로 연

결되어 있다(1:7의 주해를 보라). 26절의 내용은 여호와를 경외하면 안전함을 얻고(참조, 32절) 파멸로부터 보호받는다는 것인데, 그것은 그분을 믿는 자와 여호와를 경외하는 경건한 부모의 영향을 받은 **자녀들**에게도 해당된다. 27절에는 **여호와를 경외하는 것이 생명의 샘으로** 언급된다(참조, 10:11; 13:14; 16:22). 즉 여호와를 경외하는 사람은 그로 인해 사망의 그물에서 벗어나게 되므로(참조, 10:2하; 11:4하; 13:14하) 장수를 보장받는다는 것이다(참조, 3:2, 16; 9:10~11; 10:27; 15:24).

14:28 백성은 왕의 가장 큰 자원이다. 그러나 다스릴 사람이 없다면 왕의 높은 칭호와 지위가 소용없다. 책임을 완수하지 않으면 어떤 화려한 칭호를 갖고 있어도 존경받을 수 없다.

14:29 견디기 힘든 상황에서 **인내하는**(참조, 16:32; 19:11) 것은 지혜가 있다는 증거이다. 그러나 자기 성질을 이기지 못하는 참을성 없는 사람(참조, 14:16~17)은 자신의 어리석음을 드러내는 것이다. '나타내다'로 번역된 **룸**(רום)은 '높이 들어올리다'를 뜻한다. 자기 성질을 절제하는 것은 지혜로운 일이요, 성질을 이기지 못하는 것은 결코 지혜로운 것이 아니다.

14:30 잘 알려진 바와 같이 사람의 감정은 신체의 상태까지 영향을 끼친다(참조, 15:13, 30; 17:22; 18:14). **평온한 마음**(건강한 마음, 즉, 건강한 성품)이 육신을 건강하게 해 준다. 그러나 남이 가진 것을 나도 가지고 남이 이룬 것은 나도 이루고야 말겠다고 하는 욕망, 즉 시기심이 가득하고 격렬하고 충동적인 욕망은 육체에 좋지 않은 결과를 가져온다(**뼈**에 관해서는 3:8의 주해를 보라).

14:31 가난한 사람을 이용하는 것은 하나님께 죄를 범하는 것과 같다(참조, 17:5). 왜냐하면 하나님은 모든 사람을 **지으신** 분이며(참조, 욥 31:13, 15), 가난한 자들을 보호하시는 분이기 때문이다(잠 22:22, 23). 의롭고 지혜로운 사람은 궁핍한 사람을 불쌍히 여긴다(14:21; 19:17; 28:27). 그것이 하나님을 공경하는 것이기 때문이다.

14:32 악인은 주님 안에서 어떤 희망도 가질 수 없기 때문에 환난이 닥치면 비참해진다(참조, 6:15). 반대로, 의인은 **죽음**을 만나도 **피난처**, 즉 하나님 안에 거할 수 있다.

14:33 지혜는 어느 곳에나 있지만(지혜로운 자의 마음과 미련한 자의 속에도. 참조, 1:20~22; 9:1~4), 그녀는(여자로 인격화된 지혜. 참조, 1:20~33의 주해)는 다양한 반응을 맞는다.

14:34 백성 가운데 공의가 있으면 복된 결과를 가져오나('**영화롭게**'는 원래 '들어 올리다'라는 뜻이며, 여기서는 도덕적인 의미로 쓰였다), 죄는 반대의 결과('**욕되다**'라는 단어는 이곳과 레위기 20장 17절에만 사용되었다)를 가져온다. 얼핏 보기에는 죄를 지어도 벌을 받지 않는 것으로 보이지만, 궁극적으로는 죄가 그들을 붙잡으며 부끄럽게 한다.

14:35 슬기롭게 행하는 신하가 있는 왕의 마음은 즐겁다. 그러나 신하가 그렇지 못하면 왕은 그들 때문에 부끄러움(욕. 10:5; 19:26; 29:15)을 당하게 되어 신하들에게 진노를 발하게 된다. 진노로 번역된 **에브라**(עֶבְרָה)는 '분노의 폭발'을 뜻한다. 오늘날 고용인의 경우도 마찬가지다. 슬기로

운 고용인은 천 냥 빚을 갚을 수 있으나, 그렇지 못한 사람은 고용주에게 문젯거리가 된다.

15:1 1~2, 4, 7, 14하반절, 23장 28하반절은 잠언서에 자주 언급되는 주제인 말에 관한 것이다(6장 17~19절 주해 부분에 있는 도표 〈말에 관한 잠언서의 가르침〉을 보라).

유순한(부드러운) 대답은 **분노**(헤마[חֵמָה]: 격분)를 녹임으로써 잠재적인 긴장 상황을 일소시킬 수 있다. 그런 상황에서 화해를 이루기 위해서는 잠언서에서 보편적으로 권장되는 덕목인 선견지명, 인내, 자기절제, 관대함이 요구된다. 반대로 **과격한 말**(상처를 입히는 말)은 **진노**를 삭히는 것이 아니라 오히려 격발시킨다.

15:2 지혜 있는 자의 혀(말)는 **지식을 베푼다**(권한다. 참조, 7절). 지혜 있는 사람은 지식을 소유할 뿐 아니라 잘 사용해서 그 지식이 매력적이고 바람직한 것이 되게 한다. 그러나 **미련한 자는 미련한 것을 쏟는다**(내뿜는다. 28절에도 사용됨). 그는 샘물처럼 많은 말을 내뿜지만 그 말은 그가 얼마나 미련한가를 나타낼 뿐이다. 미련한 자의 입은 또한 그의 죄를 드러내며(28절) 미련한 것을 즐긴다(14절).

15:3 전지하신 하나님은 성읍을 지키는 파수꾼과 같이 **감찰하시면서** 사람이 행하는 것을 모두 보고 알고 계신다(참조, 5:21; 히 4:15; 역대하 16장 9절의 '여호와의 눈'). 악인은 이 진리로부터 경고를 받을 것이며, 선인은 위로를 받을 것이다. 그분은 죽음과 파멸도 보신다(잠 15:11). 둘째 행은 첫째 행의 사상을 완성하는 분사절이며, 이 구절은 종합적 평행법에

속한다(서론의 '문학 양식'을 보라).

15:4 말은 사람에게 용기를 줄 수도 있고, 사람을 억누를 수도 있다. 치료하는 말은 정서적인 건강에 도움을 주기 때문에 힘과 성장의 근원인 생명 나무(참조, 3:18; 11:30; 13:12)와 같다. 패역한(쎌레프[סֶלֶף]: 파괴적인. 구약성경에서 이 구절과 11장 3절에만 사용됨) 말은 마음(참조, 15:13; 17:22; 18:14)을 상하게 하며 사기를 꺾어 놓는다.

15:5 아비의 훈계(무싸르[מוּסָר]. 1:3의 주해를 보라)를 거절하는 아들은 미련한(에윌[אֱוִיל]: 거만하고 완고하고 어리석음. 1:7의 주해를 보라) 자요, 어리석고(12:1) 거만하고(13:1; 15:12) 자기를 증오하는(32절) 자다. 그는 죽을 것이다(10절). 부모의 경계를 따르는 것이 지혜로운 일이다. 슬기를 얻는다는 것은 좋은 의미에서 '빈틈없다'를 뜻하는 동사 아람(עָרַם)의 번역이다(이 단어는 19장 25절에도 사용됨). 유사어로는 명사 오르마(עָרְמָה; 1:4; 8:5, 12), 형용사 아룸(עָרוּם; 12:23; 13:16; 14:8, 15, 18; 22:3; 27:12)이 있다. 부모의 권고에 주의하는 자는 존경을 받는다(참조, 12:1; 13:1, 13, 18).

15:6 잠언서에 여러 번 언급된 바와 같이, 예외가 있긴 하지만 일반적으로 의로운 삶의 결과는 번영이다(참조, 3:16; 8:18, 21; 14:24; 22:4). 그러나 악인이 얻은 물질은 결국 고통(참조, 15:27의 '해', 1:19; 10:2)이 된다.

15:7 지혜로운 사람들은 유익한 것들을 나눈다. 그러나 미련한(크씰[כְּסִיל]) 자는 그렇지 않다. 그들은 미련함을 전파한다(2절). 사람들의 말

(입술)은 그들의 마음 상태를 보여 준다(참조, 4:23~24의 '마음'과 '입').

15:8~9 여호와께서는 악인의 생각(15:26)은 물론 그의 제사와 길도 몹시 싫어하신다(참조, 6:16~19. 여호와께서 싫어하시는 것들에 대해서는 11장 20절의 주해를 보라). 하나님은 악인의 제물이 위선적인 것이므로 그들이 드린 제사를 미워하신다(참조, 삼상 15:22; 사 1:11; 렘 7:22; 암 5:22). 악인의 '길'(행위)이 미운 것이므로 제사 역시 그러하다. 그러나 정직한 자의 기도는 하나님을 기쁘게 하므로 그분은 그 기도를 들으신다(잠 15:29). 외적인 제사 행위가 하나님이 진정으로 사랑하시는 의로운 삶을 대신할 수 없다.

15:10 10~12절에서 둘째 행은 첫 행의 사상을 확장한다. 정직하고 의로운 길을 떠나는 사람은(8~9절 참조) 엄한 **징계**(무싸르[מוּסָר]: 도덕적인 교정)를 받게 된다. **견책**(참조, 5, 12절; 10:17; 12:1)마저 거절하면 그 대가로(13:13) 가난, 부끄러움(13:18), 죽음(15:10)을 당하게 된다.

15:11 스올(쉐올[שְׁאוֹל])과 아바돈(אֲבַדּוֹן : '망하다, 죽다'라는 뜻의 동사 아바드[אָבַד]에서 파생된 단어)은 무덤과 죽음의 동의어일 수 있다(참조, 27:20; 욥 26:6. '아바돈'은 욥기 28장 22절, 31장 12절, 시편 88편 11절에서 '멸망'으로 번역됨). 하나님은 무덤 속의 죽은 자도 아시므로 산 자의 마음(참조, 잠 15:3), 즉 동기, 사상, 욕구(참조, 시 38:9상)를 분명히 아신다. 사람의 마음이 사람을 속이나 하나님은 사람의 마음을 아신다(렘 17:9~10).

15:12 '견책'으로 번역된 단어는 잠언서의 다른 곳(1:23, 25, 30; 3:11; 5:12; 27:5; 29:15)에서 '책망, 꾸지람' 등으로 번역된 **토케하**(תוֹכַחַת)가 아니라 **야카흐**(יָכַח)의 번역이다(9:7~8; 19:25; 25:12에도 사용됨. 그러나 뜻에 있어서 **토케하**와 별 차이가 없다 – 역자 주). **거만한 자**(참조, 13:1)는 그런 꾸지람을 좋아하지 않으며(골내며) **지혜 있는 사람**에게서 배우려고 하지 않는다(15:31과 대조하라). 이것은 거만이 미련함의 증거임을 보여 주는 것이다.

15:13 13~15절은 즐거운 마음, 명철한 마음, 상쾌한 마음에 대해 말한다. 마음의 즐거움(**사마흐**[שָׂמֵחַ]. 21절의 주해를 보라)은 얼굴에 나타나지만 마음의 근심(참조, 14:13)은 사기를 떨어뜨린다(**심령을 상하게 한다**. 참조, 15:4; 17:22; 18:14). 행복과 낙심은 마음에서 생기는 것이다. 환경적인 요인보다는 사람의 내적인 것이 정서 상태에 더 지속적인 충격을 준다. 아무리 어려운 환경에서도 내적인 힘이 있는 사람들은 그렇지 않은 사람들보다 더 잘 견뎌 낸다.

15:14 명철이 있는 사람은 보다 많은 **지식을 요구하고**(참조, 18:15; 19:25; 21:11) 쉽게 그것을 얻는다(14:6). 그러나 미련한 자는 자신의 미련함을 먹으며(**라아**[רָעָה]: 가축 떼같이 '풀을 뜯어 먹다') 그것에 만족한다(참조, 15:2, 21).

15:15 **가엾이 고난 받는 자**(**아니**[עָנִי]: 문자적으로 '좌절하는 사람, 지위가 낮고 고통 받는 사람.' 14~21절에서처럼 '궁핍한 사람'을 뜻함)와 대조적으로 마음이 즐거운 사람(참조, 15:13)에게는 축제가 계속된다. 즉 그

들은 불행한 때에도 삶을 즐긴다. 그러므로 우리는 고난 받는 자들이 용기를 갖도록 도와주어야 한다.

15:16 잠언서에는 '~이 ~보다 낫다'는 구문이 모두 19번 나오는데, 16~17절은 그중 두 구절에 해당한다(12:9의 주해를 보라). 사람은 보통 가난보다는 부유(풍부)를 택한다. 그러나 가난해도(가산이 적어도. 참조, 16:8) 여호와를 경외하면(참조, 1:7의 주해; 딤전 6:6) 돈 때문에 번뇌(므후마 [מְהוּמָה]. 이사야 22장 5절, 사무엘상 14장 20절, 신명기 7장 23절에는 '혼란'으로, 에스겔 7장 7절, 스가랴 14장 13절에는 '요란'으로 번역됨)하는 부자보다 확실히 낫다. 이 구절에 언급된 부는 여호와를 경외하지 않는 사람의 부이며, 여호와를 경외하는 것은 혼란이 아니라 평화를 가져다줌을 이 구절이 보여 준다.

15:17 이 구절도 16절처럼 가난(채소만 먹으며)과 부(살진 소)를 대조시킨다. 사람들은 보통 궁핍보다는 호사를 택한다. 그러나 그보다 중요한 것은 **사랑**이다. 물질이 풍부하지 못해도 서로 사랑하는 가정은 많은 재물을 갖고서도 서로 미워하는 집보다 나음을 사람들은 잘 알고 있다(참조, 17:1). 사랑은 고난을 참고 견디게 하나, 미움은 좋은 음식이 가져다주는 모든 즐거움을 없애 버린다.

15:18 분을 쉽게 내는 자(참조, 14:16~17, 29; 19:19; 22:24)는 불화(다툼)를 일으킨다(참조, 6:14, 19; 10:12; 16:28; 28:25; 29:22; 6:14의 주해를 보라). 이것은 16~17절의 번뇌와 미움의 이유가 될 수도 있다. 그러나 노하기를 더디 하는 자(참조, 14:29; 16:32; 19:11; 25:15)는 다툼을 진정

시킬 수 있다(참조, 약 1:19).

15:19 미움과 분노가 문제를 일으키듯(17~18절) 게으름도 그러하다. '길은 가시 울타리 같다'(참조, 2:5; 24:30~31)라는 표현은 원하는 바를 못하게 하는 문제들을 묘사한 것이다. 즉 그의 삶에 장애물이 있다는 것이다. 그러나 정직한 자는 부지런하여 문제가 거의 없다. 그들의 삶은 오히려 대로와 같다(참조, 4:26).

15:20 20~21절은 지혜로움과 어리석음이 삶에 끼치는 영향에 관해 이야기한다. 가정에 사랑이 있으면 화평하고(16~17절), 순종적이고 지혜로운 행동은 그 부모를 즐겁게 한다(사마흐[חמשׂ]). 그러나 미련한 자는 그렇게 하지 않는다. 실로 미련한 자는 그 어미를 업신여길 뿐이다. 이 구절에는 미련한 아들이 그 어미를 근심케 한다(10:1)는 것보다 어미에 대한 반항이 내포되어 있으며, 어미를 향한 미련한 자의 태도가 진술되어 있다.

15:21 지혜로운 아들은 그 아비를 기쁘게(사마흐[חמשׂ]) 하지만(20절) 미련한 자(무지한 자, 문자적으로 '빈 마음.' 6:32; 10:13의 주해를 보라)는 그의 미련한 것을 즐거워한다(15:13, 23, 30의 사마흐[חמשׂ]에 관한 주해를 보라). 지혜로운 사람은 길을 바르게 한다(참조, 19하의 '대로'). 여기에는 미련한 자의 길은 굽었다(또한 19상반절처럼 '장애물이 있다')는 뜻이 내포되어 있다.

15:22 잠언서는 경영(계획)에 관해 다른 사람의 충고를 받아들여야 함을 네 차례 강조한다(11:14; 15:22; 20:18; 24:6).

15:23 23, 30, 33절은 둘째 행이 첫째 행의 사상을 반복하는 동의적 평행법(서론의 '문학 양식'을 보라)을 보여 준다. 때에 맞는 적당한 말(참조, 25:11~12)은 듣는 사람뿐 아니라 말한 사람 자신에게도 기쁨을 준다(사마흐[שָׂמַח], 15:20의 주해를 보라).

15:24 24, 26~33절은 경건한 자의 성격을 규정한다. 그것은 지혜(24절), 겸손(33절), 정결(26절), 청렴(27절), 신중함(28절), 기도(29절), 기쁨(30절), 배우는 자세(31~32절), 여호와를 경외하는 것(33절)이다. 지혜는 단명(短命)을 막아 주는 것으로, 잠언서에서 자주 언급되는 것이다(참조, 3:2, 16; 4:10; 9:11; 10:27; 14:27).

15:25 25~26절은 사람의 성격에 관한 여호와의 반응들에 대해 언급한다. 교만한(게에[גֵּאֶה]는 동사 가아[גָּאָה : 들어 올리다]에서 파생된 것으로, 16장 19절에도 나온다) 자는 집을 포함하여 재산을 모으지만, 여호와께서는 그것들을 헐어 버리시며(참조, 14:11) 오히려 과부를 돌보아 주신다. 토지는 이스라엘인의 필수품으로, 원래의 구획을 보존하기 위해 지계표(地界表)를 그었다(신 19:14). 토지는 한 가족에게 속했으며, 그 경계는 중요했다(잠 22:28; 23:10~11). 도둑들은 과부의 약점을 이용해서 그들의 토지를 훔치려 했다. 그래서 여호와께서 과부의 지계석이 옮겨지지 못하도록 보호해 주실 것을 약속하셨다.

15:26 여호와께서는 악인의 제사와 행위뿐 아니라(8~9절), 그들의 생각(꾀, 6:8)도 미워하신다. 그러나 선한 생각은 기뻐하신다. 하나님은 전지(全知)하시므로 모든 것을 아신다.

15:27 '탐하다'로 번역된 바차([בָּצַע : 잘라 내다)는 불의나 폭력으로 소유하는 것을 말한다('탐하는 자'에 관해서는 28:25를 보라). 정직하지 못한 아버지, 즉 불의와 폭력적인 방법으로 가족을 부양하는 자는 결국 아내와 자식들에게 고통(참조, 11:29; 15:6)을 준다. 뇌물을 주고받는 것은 정의를 굽게 하는 것이므로 부정직하고 탐욕적인 것이다(참조, 6:35의 주해). 그래서 뇌물을 거절해야 오래 살 수 있고 가족들도 고통당하지 않는다.

15:28 의인은 그 마음에 생각나는 대로 내뱉지 않고, 대답할 말을 깊이 생각한다. 그래서 그 말은 때에 맞는 적합한 말이 된다(23절). 그러나 미련한 자는 샘에서 끓어오르는 물과 같이 악한 말들을 지껄여 댄다(문자적으로 '거품을 뿜다.' 2절에도 사용됨).

15:29 여호와께서는 악인을 미워하시므로(8~9, 26절) 그들을 멀리하시고 그들의 기도를 듣지 않으신다. 그러나 의인의 기도는 당신을 즐겁게 하므로(15:8) 그 기도를 들으신다(참조, 시 34:15, 17; 벧전 3:12).

15:30 적극적인 사람의 격려는, 그것이 말이든(**좋은 기별**. 참조, 25:25) 말이 아닌 다른 것이든(기운을 북돋아 주는 표정이나 태도. 문자적으로 '눈이 밝은 것') 유용하고 사기를 돋우어 준다. '기쁘게 하고'는 15장 20~21, 23, 31절처럼 **사마흐**(שָׂמַח)의 번역이다. 13상반절처럼 마음이 건강하면 육체도 강건해진다(뼈를 윤택하게 한다. 3:8의 주해를 보라).

15:31 31~33절은 지혜로운 자 가운데 속하는 조건들을 말한다. 그것

은 경계를 듣는 것(주의하는 것, 31절), 훈계를 받는 것(32절), 여호와를 경외하는 것과 겸손(33절)이다. 경계를 듣는 사람은 그것을 새겨듣고(17:10), 그것을 통해 배우며(19:25), 지혜롭게 생각하기 때문에 생명을 줄 수 있다(참조, 1:33).

15:32 훈계(무싸르[מוּסָר]: 도덕적 교정. 참조, 5:10)를 무시하면 생명과 지식을 잃게 된다. 이 말씀은 훈계를 무시하는 사람은 실제로 자신을 미워하는 것임을 보여 준다(참조, 8:36의 '자기의 영혼을 해하는').

15:33 여호와를 경외하는 것(1:7의 주해를 보라)은 지식의 근본일 뿐 아니라 **지혜**를 가르친다. 사람은 여호와를 경외(존중, 순종, 섬김과 예배)함으로써 지혜를 배운다는 것이다. 겸손은 여호와를 경외하는 것과 함께 지혜를 수반하는 존귀보다 앞서야 한다(참조, 18:12하; 29:23). 여호와를 경외하는 것과 겸손은 22장 4절에도 함께 쓰였다.

B. 의로운 삶의 찬양(16:1~22:16)

191절로 된 이 단락은 대부분 비교형(동의적 평행법)이거나 완성형(종합적 평행법)이며, 소수만이 대조형(반어적 평행법)이다. 16장 1~7, 9의 각 절은 여호와에 대해 말한다. 1, 3, 9절은 인간의 계획과 하나님의 주권에 대한 것이다. 계획은 말하고(말, 1절) 행하는 것(걸음, 9절)으로 표현된다. 1, 5, 9절은 마음을, 2절은 사람의 동기들을 언급한다. 교만(5

절), 쾌락(6절)과 불의(8절)가 비난받는다. 지혜를 얻어야 한다고 잠언서에서 강조하지만, 여호와를 의지하는 한에서 그렇다.

16:1 사람이 그 **마음에**(참조, 19:21) **계획**(경영: 전선에서 병사들을 배치하듯이 어떤 것을 적절히 배열하는. 참조, 창 14:8)을 할지라도 그 마음이 말로 드러난 것을 하나님이 인도하신다(**말의 응답**). 주권적인 하나님은 인간에게 제한받지 않으신다(참조, 16:9). 사람의 마음과 말은 긴밀히 연관되어 있다(참조, 4:23~24).

16:2 사람이 자신이 행한 것이 아무것도 잘못된 것이 없다고 생각할 수도 있다. 표면적으로는 그것이 **보기에 깨끗할** 수 있다. 그러나 하나님은 사람의 마음, 즉 행동 배후의 동기가 어떠한 것인지를 아신다. **여호와께서는 인간의 마음을 보시기** 때문에(참조, 마 6:4, 8, 18) 왜 그러한 일을 했는가를 근거로 사람을 판단하신다(참조, 17:3; 21:2).

16:3 행사(계획. 1, 9절)를 **여호와께 맡기는** 것이 성공의 필수 요건이다. 그렇다고 이 말씀이 모든 계획을 하나님이 도우신다고 말하는 것은 아니다. 어리석은 자(1:32)와 게으른자(6:9~11)는 원하지 않은 결과를 맞게 된다. '맡기다'는 문자적으로 '굴리다'라는 뜻이다(참조, 시 37:5).

16:4 하나님은 악인까지도 파괴를 목적으로 사용하시는 것을 포함해 모든 것을 당신의 목적을 위해 사용하신다(참조, 롬 8:28). 이러한 사실은 이해하기도, 수긍하기도 어렵긴 하지만, 회개하지 않는 자의 멸망은 하나님의 공의와 일치한다. 그것은 성경(잠 16:5을 포함하여)에서 자주 언급

되는 진리이다.

16:5 여호와께서는 교만, 혹은 그분에게서 떠나는 것을 미워하신다(그분이 미워하시는 다른 것들에 대해서는 11장 20절의 주해를 보라). 그러므로 하나님은 그것을 벌하실 것이다. '손을 잡다'는 '확실히'를 뜻한다 (11:21의 주해를 보라).

16:6 회개하지 않는 죄인은 벌을 받지 않을 수 없으나(5절), 하나님은 당신의 인자(헤쎄드[חֶסֶד]: 신실한 사랑)와 진리(3:5; 14:22; 20:28)로 죄를 속하는 길을 마련해 놓으셨다. 여호와를 믿음으로 죄악에서 속죄함 받은 사람은 계속 죄에 머물러 있지 않을 것이다. 그는 여호와를 경외함으로써(1:7의 주해를 보라. 참조, 3:7; 8:13) 악에서 떠나게 될 것이다(참조, 16:17).

16:7 사람이 여호와를 기쁘게 할 때(악에서 떠나는 등, 6절), 그(하나님 혹은 그 사람)는 원수와 그를 화목하게 한다.

16:8 '~이 ~보다 낫다'라는 구문으로 된 이 구절은 '여호와를 경외하는 것' 대신 **의**, '크게 부함' 대신 **많은 소득**, '번뇌' 대신 **불의**로 대체된 것 외에는 15장 16절과 흡사하다. 정직하지 못한 방법으로(참조, 10:2, 16; 13:11; 15:27) 이득(참조, 10:16의 '소득', 15:16의 '크게 부함')을 쌓는 사람은 결국은 벌을 받게 될 것이다. 그러므로 비록 가진 것이 적어도 의로운 삶이 확실히 낫다.

16:9 사람이 그의 행동에 대해 계획하지만 어떻게 갈까 하는 것(그의 걸음)은 여호와께서 결정하신다(세우신다). '걸음'이 '말' 대신 쓰였을 뿐, 이 구절의 의미는 1절과 같다.

16:10 10, 12, 15절에 '왕'이 언급되어 있다. 이스라엘의 왕은 하나님의 대리자로서 신탁을 선포했으므로, 그는 공정한 통치자였다(참조, 신 7:18~20).

16:11 저울과 저울추에 대해서는 11장 1절의 주해를 보라(참조, 20:10, 23). 왕이 저울추와 도량형을 제정한다(삼하 14:26의 '왕의 저울'을 보라). 그러나 이 구절은 그러한 기준 뒤에 여호와께서 계심을 보여 준다. 그러므로 정직하게 사용되어야 한다. 부정직한 추와 저울을 사용하는 것은 왕과 하나님께 동시에 불순종하는 것이다.

16:12~13 왕은 악을 행하는 것을 미워하며(12절), 정직을 높이 평가한다(13절). 그럴 수밖에 없는 것이, 의롭고 정직한 지배자가 왕의 **보좌**를 굳게(안전하게) 하기 때문이다(참조, 20:28; 25:5; 29:14). 부정직과 불의는 왕의 통치를 흔들리게 하는 원인이 된다. 그러므로 왕은 자신뿐 아니라 남들에 대해서도 정직을 귀하게 여기도록 해야 한다.

16:14 왕을 화나게 하는 사람이 있다면 그는 처형을 당하게 될 것이다. 지혜만이 왕의 진노를 쉬게 할 수 있다(참조, 전 10:4). 왕의 권세는 저항할 수 없는 것이므로 그것을 달래는 것 외에는 별다른 방도가 없다.

16:15 왕의 얼굴을 빛나게 하는 한 가지 방법은 13절에 있는 정직함이다. 늦은 비(3, 4월의 봄비)는 보다 나은 수확을 위해 필요한 비다. 그래서 이 비는 간절한 기다림의 대상이다. 왕의 **은택**은 그의 진노보다 훨씬 더 뛰어난 행복의 전조가 된다. 그것은 또한 이슬에 비유되기도 했다(19:12).

16:16 지혜가 금보다 더, **명철**이 은보다 더 나은 것이다(참조, 3:13~15; 8:10~11, 19).

16:17 정직한 사람은 악을 피하려고 한다(참조, 6절; 3:7; 8:13). '자기의 길을 지킨다'(즉 정직한 행위를 고수한다)는 것은 자신의 **영혼**(충동, 욕구, 소원을 가진 내적 생명)을 죄에서 보존함을 뜻한다.

16:18~19 이 구절들은 교만과 겸손과 재앙에 관한 것이다. 교만은 패망으로 인도한다(참조, 18:12; 29:23). 교만이란 너무도 추한 것이기 때문에 그것을 피해야 한다. 경제적으로 피해를 본다고 하더라도 그렇게 해야 한다. 교만한 자와 함께 (폭력이나 부정직한 방법으로 얻은) **탈취물**을 나눌 수 있으나, 그런 부정행위에 대해서 벌을 받지 않을 수 없다(참조, 15:25).

16:20 **말씀**(다바르[דָּבָר]. 13:13)에 주의하는(문자적으로 '~에 관해 민첩한, 숙고하는.' 21장 12절에서는 '감찰'로 번역됨) 사람은 **좋은 것**(참조, 19:8), 즉 하나님이 주시는 행복을 얻게 된다. 그런 사람은 또한 **여호와**를 의지하는 사람이므로 복을 받는다.

16:21 21, 23~24절은 지혜롭고 상냥한 말에 관한 말씀이다. 지혜로운 사람은 그의 명철, 즉 문제의 중심을 파악하는 능력 때문에 사람들에게 인정받는다. '선한'(메테크[מֶתֶק]: 달콤한)이라는 단어는 27장 9절('즐겁게 하다')에도 사용되었다. 비슷한 단어(마토크[מָתוֹק]: 달콤한)가 16장 24절, 24장 13절, 27장 7절에 사용되었다. 선한(달콤한, 매혹적인, 유용한) 말은 배우고 싶은 마음을 일으킨다고 하는(참조, 1:5 참조) 의미에서 학식을 더하게 한다. 거친 말은 그 반대가 된다.

16:22 이 구절에서 '명철'로 번역된 세켈(שֶׂכֶל: 민첩성, 통찰력)은 12장 8절, 13장 15절, 23장 9절에서 '지혜'로, 19장 11절에서 '슬기'로 번역되었다. 그것은 **생명의 샘**(참조, 10:11; 13:14; 14:27)과 같아서 새 힘을 공급하고, 생명을 보존하며, 힘이 소진되지 않게 한다. 한편 미련은 **징계를 당하게 한다**. 미련한 자들은 배우지 않으며, 그들의 어리석은 행위로 말미암아 징계(무싸르[מוּסָר])를 받게 된다.

16:23 지혜로운 자는 남에게 상처를 주기 원하지 않고 도우려고 하기 때문에 말하는 것에 주의한다(입을 슬기롭게 한다). 그는 생각나는 대로 내뱉지 않는다(참조, 15:28하). 결과적으로 **그의 입술은 지식을 더하게 한다**('지식을 더하게'에 관해서는 16:21의 주해를 보라).

16:24 선한(즐거운. 이 단어는 21절의 '선한'과 다르다. 21절에는 메테크[מֶתֶק], 이 구절에는 **노암**[נֹעַם]이 사용됨) 말은 벌집(참조, 시 19:10)의 꿀처럼 달고(마토크[מָתוֹק]에 관해서는 21절의 주해를 보라) 먹음직스럽다. 격려하고 달래며 전하는 적합한 말(참조, 잠 15:23)은 상쾌하게 하고 사

기를 앙양시켜 육체를 보다 건강하게 한다(뼈에 관한 3:8의 주해를 보라).

16:25 이 구절은 14장 12절과 일치하는데(그 구절의 주해를 보라), 이것은 분명히 강조하기 위한 목적이다.

16:26 사람이 배가 고프면 아무리 게으른 사람이라 할지라도 먹을 것을 사기 위해 일하게 된다. 이 구절에는 흥미로운 언어유희(word play)가 나타난다: 사람이 일꾼으로서 다른 사람을 위해 고되게 일하더라도, 그의 식욕은 그 자신을 위해 애쓴다. 부지런함은 10장 4~5절, 12장 24절, 14장 23절, 28장 19절에서도 권장된다.

16:27 27~30절은 여러 종류의 불화 조성자에 대해 언급한다. 즉 악을 꾀하는 자(27절), 다툼을 일으키는 자(28절), 이웃을 불순한 길로 인도하는 자(29절), 죄에서 떠나지 않는 자(30절)이다. **불량한 자**는 문자적으로 '타락한 사람'(참조, 6:12)이라는 뜻인데, 무가치하고 악하며 도덕적으로 심히 타락한 삶을 사는 사람이다. 그는 악을 꾀한다(참조, 1:10~14; 6:14; 12:20; 14:22; 24:2, 8). '악을 꾀하다'라는 표현의 문자적인 뜻은 '재난을 파다'인데, 남을 붙잡기 위해 구덩이를 파는 노력을 보여 준다. 그 방법 중 중요한 것은 마치 불처럼 태우는 말로 그런 짓을 하는 것이다(참조, 약 3:5~6).

16:28 패역한 자(문자적으로 '비뚤어진 사람.' 2:12의 주해를 보라)는 **다툼을 일으켜**(참조, 6:14, 19; 10:12; 15:18; 28:25; 29:22) 친구들끼리 싸우게 한다. 또한 험담을 늘어놓아(참조, 11:13; 18:8; 20:19; 26:20, 22)

친한 벗들(참조, 17:9)이 서로 의심하고 불신하게 한다.

16:29 강포한 사람(문자적으로 '강포의 사람.' 27~29절의 각 구절은 '~의 사람'이라는 히브리 연계형으로 시작한다)은 죄짓는 것에 만족하지 않고, 다른 사람도 악한 길로 가기를 바란다(예, 1:10~14을 보라).

16:30 악인은 패역하고(참조, 28절; 2:12의 주해) 악한(참조, 16:27) 일에 참여시키려는 의도를 전달하려고 남에게 눈을 감고 입술을 오므려서 글이 아닌 암시(얼굴 표정)로 신호를 보낸다.

16:31 젊은 사람들은 그 힘을 영광스럽게(자랑스럽게) 여기지만, 나이든 사람들은 백발을 자랑으로 여긴다. 그것은 품위 있는 왕관(참조, 4:9의 '영화로운 면류관')과 같다. 장수는 의로운 삶의 결과지만(참조, 9:6; 10:27), 그렇다고 나이든 사람이 누구나 의롭게 살아온 것은 아니다.

16:32 이 구절도 '~이 ~보다 낫다'는 형식의 잠언이다. 인내하며 분노를 조절하는 사람은 용사보다 더 영광스럽다. 안전이 힘과 전쟁 기술에 달려 있는 땅에서 이러한 진술은 놀라운 것이다. 그러나 자신을 정복하는 것(참조, 14:29; 25:28; 29:11)이 성읍을 정복하는 것보다 더 큰 공덕이다.

16:33 제비뽑기(참조, 18:18; 에 3:7의 주해; 행 1:26)의 결과가 단순히 우연한 것으로 보이지만, 그것 역시 하나님이 조정하신다(참조, 잠언 16장 1~2, 9절에 언급된 인간의 노력과 하나님의 주권).

17:1 1~20절의 각 절은 직접, 간접적으로 다툼, 화평과 관계가 있다. '~이 ~보다 낫다' 구문이 사용된 15장 16~17절에 진술된 것처럼, 검소한 식사(마른 떡 한 조각)일지라도 평화롭고 화목한 것이 다툼이 있는 집에서 풍부한 양식(제육이 집에 가득한. 문자적으로 '희생 제사', 즉 제물로 드려진 짐승의 고기. 참조, 7:14)을 가진 것보다 훨씬 낫다. 화목한 관계가 호사스러운 음식보다 더 바람직하다.

17:2 슬기로운(16:20의 '말씀에 주의하는') 종은 유업을 잇거나 그것을 나누어 가지며, 부끄러움을 끼치는 주인의 아들(참조, 19:26)보다 권세 있는 위치에 올라갈 수 있다. 흥미롭게도 여로보암은 솔로몬의 부끄러운 아들 르호보암보다 높아져 12지파 중 10지파의 지도자가 되었다(왕상 12장).

17:3 은과 금이 맹렬한 열로 정련되듯이(참조, 27:21) 믿는 자의 마음도 여호와께서 허락하시는 시련의 열에 의해 정화된다(약 1:2~3; 벧전 1:7).

17:4 악인과 거짓말쟁이는 자신의 악한 특징을 더하는 것을 즐겨 취한다. 그들은 악한 꾀, 거짓말과 중상모략을 의도하는 비방과 악한 말에 즐겨 귀를 기울인다. '악한 혀'에서 '악한'은 하보트(הַוֹּת)의 번역으로, '다른 사람을 파멸시킴'을 의미한다(참조, 11:13; 16:28; 18:8; 20:19; 26:20, 22).

17:5 악한 말로 다른 사람을 파멸시키는(4절) 하나의 예가 가난한 사람들을 조롱하는 것이다. 모든 사람이 그러하듯이 가난한 자 역시 하나님의 형상에 따라 만들어졌으므로 그를 조롱하는 것은 하나님, 곧 그를 지으신 자를 비웃는 것이다(참조, 14:31; 18:23). 마찬가지로 다른 사람의

고난을 기뻐하는 것도 악한 일이다(참조, 24:17). 남의 불행을 기뻐하는 (고소하다는 듯이) 사람 자신도 불행을 당하게 될 것이다(형벌을 면치 못할 것이다).

17:6 노인의 면류관(기쁨과 자부심을 주는 것. 참조, 16:31)은 그들의 손자이다. 자식들은 그들의 부모를 자랑스럽게 여길 것이다. 물론 기쁨(면류관)과 영화라는 표현은 하나님과의 관계, 서로 간에 관계가 바른 가족 구성원에 해당되는 것이다(신 6:2).

17:7 7~9절은 여러 가지 형태의 불의, 즉 거짓말, 뇌물, 비방에 관해 언급한다. 지나친 말은 거만한 말이며, 너무 많이 말하는 사람에 관한 것이다. 미련한으로 번역된 나발(נָבָל)은 잠언서에서 3번 사용되었다(7, 21절; 30:22). 미련한 자는 영적 인식과 지각이 없는 사람을 말한다. 미련한 자는 자신이 무엇을 말하고 있는지도 잘 알지 못하므로 말을 많이 하지는 않을 것이다. 거짓말은 존귀한 자(나디브[נָדִיב]: 관리. 참조, 17:26)에게는 합당하지 않다. 존귀한 자(통치자)는 고결하고 정직하며 신실한 사람이어야 한다(참조, 사 32:8의 '고귀한'). 거짓말을 하는 통치자는 바보와 다를 바 없다.

17:8 이 구절은 뇌물을 권장하고 있는 것이 아니다. 23절, 15장 27절, 출애굽기 23장 8절, 신명기 16장 19절, 27장 25절이 뇌물에 대해 경고하고 있다(잠 6:35의 주해를 보라). 이 구절은 단순히 뇌물을 주는 사람의 관점에서 "뇌물은 보석처럼 효력이 있다"고 말한 것일 뿐이다. 뇌물이 효력이 있다고 하는 것은(참조, 18:16; 21:14) 그것을 인정한다는 말이 아니라

단지 현실이 그렇다는 말이다.

17:9 허물을 덮어 주는 것은(10:12의 주해를 보라) 사랑이 있다는 증거다. 그러므로 그것은 사랑의 분위기를 조성한다. 그러나 남의 죄를 비방하고 거듭 말하면 친구들이 서로 의심하게 되는 결과가 일어난다(참조, 16:28).

17:10~11 10~16절은 악하거나 미련한 행동들에 관해 말하고 있다. 10절은 총명한 자의 수용적인 태도와 미련한 자의 태도를 비교한다. 지혜로운 사람에게 한 단순한 **충고**(1:23의 주해를 보라) 한 마디는 채찍으로 미련한 사람(크씰[כְּסִיל]. 참조, 17:12, 16; 1:7의 주해)을 100대 때리는 것보다 더 효과적이다. 율법에는 40대 이상의 매를 때릴 수 없게 규정되어 있으므로(신 25:2~3) 100대를 때린다는 것은 아마 과장된 표현일 것이다. 지혜로운 사람들은 금방 알아듣지만 우둔한 자들은 아무리 특별한 방법으로 훈계를 해도 도무지 반응이 없다. 악한 사람(잠 17:11)은 계속 반역적이다. 그는 훈계와 책망에도 막무가내이다(10절). 결국 그는 법에 의해 처벌받고 잔인한 관리에게 징벌을 받게 된다(참조, 11:21; 16:5).

17:12 새끼를 빼앗긴 어미 곰은 화가 아주 많이 나 있으므로 위험하다(참조, 호 13:8). 그러나 미련한 자(크씰[כְּסִיל]. 참조, 잠 17:10, 16; 1:7의 주해)를 만나는 것은 더 위험한 일이다. 미련한 자들이 모두 똑같이 위험한 것은 아니나, 앨던(Robert L. Alden)의 말을 들을 필요가 있다. "칼이나 총을 가지고 있거나 뒤에서 자동차로 돌진해 오는 미련퉁이를 만날 것을 염두에 두어라. 차라리 어미 곰이 훨씬 안전한 편이다"(*Proverbs: A*

Commentary on an Ancient Book of Timeless Advice, p. 134).

17:13 선대를 받고서 악으로 갚는 사람이 있다면, 그 마음은 악하며(11절) 미련하다(12절). 그래서 더 이상은 선대(복)를 받을 수 없게 된다. 그 대신 악(재난)이 그의 집, 즉 그의 가정에 머물러 있게 된다.

17:14 싸움(다툼)의 시작(참조, 19절)은 아무것도 아닌 것처럼 보인다. 댐에 난 조그만 균열이 결국에는 제방을 무너뜨리듯, 다툼은 조정 불능 상태에 이르게 된다. 그러니 문제가 곪지 않게 하는 것이 상책이다. 그러므로 싸움이 일어나기 전에 그쳐야 한다.

17:15 죄인을 풀어 주거나 무죄한 자에게 유죄를 선고하는 불의한 재판은(참조, 26절) 여호와께서 미워하시는 것이다(참조, 6:16의 주해).

17:16 미련한 자(크씰[כְּסִיל]. 참조, 10, 12절; 1:7의 주해)는 너무 어수룩해서 지혜를 살 수 있다고 생각한다. 그는 돈을 들고 지혜를 사러 오지만, 지혜를 얻는 데 필요한 한 가지 방법, 즉 지혜를 향한 진심어린 욕구가 자신에게 없음을 알지 못한다.

17:17 몇몇 성경 번역은 첫째 행과 둘째 행을 '그러나'로 연결한다. 그러나 개역성경처럼 '그리고'가 나은 것으로 보인다. 친구와 형제는 둘 다 소중한 것이다. 그러나 18장 24절은 형제(친척)보다 친구를 더 높인다. 진실한 친구는 – 친척도 마찬가지 – 풍족할 때도, 역경에 처했을 때도 믿음직스럽다.

17:18 역경에 처했을 때 믿을 만한 친구가 되어 주는 것(17절)은 어리석게 빚보증을 서 주는 것과는 다르다(6:1~5의 주해를 보라). '지혜 없음'에 관해서는 6장 32절, 10장 13절의 주해를 보라.

17:19 우정(17절)은 싸움을 극복하게 하나, 지혜롭지 못한 채무는 싸움(18절)과 분쟁(19절)의 원인이 된다. 타락한 동기, 악덕과 속이는 말(20절)은 모두 싸움을 일으킨다. 다툼(참조, 14절)은 분명히 말썽을 일으키기 때문에 다툼을 시작하는 자는 죄를 사랑하는 자다. **문을 높이는 것은** 글자 그대로 부자가 자기를 과시할 목적으로 높은 문을 세운다는 뜻이거나 허풍을 나타내는 비유적 표현이다. 양쪽에 다 교만이 깃들어 있으며, 그것은 결국 몰락으로 끝난다(11:2; 16:18; 18:12; 29:23).

17:20 굽은(이케쉬[עִקֵּשׁ])은 '꼬인, 구부러진'을 뜻한다(2:15의 주해를 보라). 동기와 품행(마음)이 구부러진 사람은 복(여호와의 복)을 얻지 못한다(참조, 16:20). 타락한 마음에서 속임이 나오는데, 이는 결국 **재앙**(라아[רָעָה]: 재난, 17:13에는 '악')을 당하게 된다.

17:21 부모들은 미련하고 실망시키는 아들(참조, 25절; 10:1) 때문에 깊은 슬픔을 겪는다. 이 구절에서는 두 개의 단어가 '미련한'으로 번역되었는데 둔하고 바보 같은 자를 뜻하는 **크씰**(כְּסִיל)과 영적 인식력과 예민함이 없는 사람을 뜻하는 **나발**(נָבָל)이다(참조, 7절; 30:22).

17:22 15장 13, 15, 30절, 18장 14절에서 말하는 것처럼, 내적 생명은 사람의 육체적 안녕에 영향을 미친다. 마음의 즐거움은 15장 13절에 쓰인

것과 같은 단어이다. '양약'으로 번역된 단어는 구약성경에서 이 구절에만 사용되었다. **심령의 근심**은 사기가 저하되고 슬퍼하는 것을 말한다(참조, 18:14). 그것의 한 가지 예는 말을 듣지 않는 아들의 부모가 겪는 비통스러움이다(17:21). '**뼈**'에 관해서는 3장 8절의 주해를 보라.

17:23 8절에서 사람들이 뇌물로 원하는 바를 얻는 경우가 자주 있음을 언급한 바 있다. 이 구절은 뇌물의 목적을 말하는데, 그것은 **재판을 굽게** 하는 것이다. 뇌물을 은밀히 받은 재판관은 **악인**(범죄자)이다. 재판관이 범죄자를 벌하고 정의를 베풀어야 하는 사람이란 점에서 그것은 아이러니이다.

17:24 명철한 자(참조, 10절) 앞에 지혜가 있다. 즉 지혜로운 사람은 분명한 곳에서 지혜를 찾는다. 그러나 미련한 자의 **눈**은 방황하고 지혜를 결코 찾지 못한다.

17:25 이 구절은 21절의 내용을 반복하고 있는데, 여기서는 '근심'에 대해 의미가 보다 강한 단어가 사용되었다. 히브리어 **카아쓰**(כַּעַס)는 '슬픔, 분노, 시달림, 짜증' 등을 뜻한다(참조, 전 1:18; 7:3; 잠 12:16; 27:3). 미련한 자식들은 어미에게 쓰라림(고통)을 안긴다.

17:26 잠언서에는 '~하는 것이 선하지 못하다'라는 표현이 나오는데(참조, 18:5; 19:2; 24:23; 25:27; 28:21), 이 구절이 그중 제일 첫 번째 것이다. 이 구절은 불공정한 판결을 또다시 규탄한다(참조, 17:15). 무죄한 자(참조, 18:5)를 벌하거나 정직히 일하는 관리(귀인)를 채찍질하는 것은(왕

이나 재판관만이 이것을 명할 수 있다) 뇌물(17:23)과 같이 정의의 소송을 구부러뜨리는 것이다.

17:27~28 지혜로운 사람은 말을 조심해서 한다. 말하기 전에 생각하며(참조, 14:8) 수다를 떨지 않는다. 이것은 그가 차분한(문자적으로 '영이 차가운.' 참조, 관용어 '냉정을 유지하는'[keeping one's cool]) 성격의 사람임을 보여 준다. 말을 자제하면 미련한 자(에윌[אֱוִיל]: 거만하고 고집 센 바보. 참조, 1:7의 주해)라도 지혜로워 보인다.

18:1 어떤 사람들은 이기심 때문에 남들과 다정한 관계를 맺지 않으려고 한다. 자기중심적인 성향 때문에 그들은 **참 지혜의 적이 된다**(참조, 3:21; 8:14). '배척'으로 번역된 라아그(לָעַג)는 1장 26절에서 '비웃다'로, 17장 5절, 30장 17절에서 '조롱하다'로 번역되었다.

18:2 미련한 자의 두 가지 문제는 '마음을 닫는 것'과 '입을 여는 것'이다(데렉 키드너[Derek Kidner], *The Proverbs: An Introduction and Commentary*, p. 127). 그는 지식을 얻으려 하지 않고 자신의 견해를 말하려고만 한다. 그의 입은 '미련한 것을 쏟아 낸다'(15:2). 그러나 그가 잠잠히 있기만 하면 사람들은 그를 지혜로운 자로 여길 것이다(17:28). 미련한 자가 말을 많이 한 결과가 18장 6~7절에 언급되어 있다.

18:3 악한 삶에는 **멸시**가 따르고 **부끄러움**과 **능욕**이 함께 온다. 이러한 불명예스런 단어들은 명예와 존영(4:7~9)을 포함하는 정직하고 지혜로운 삶의 유익들과 대조가 된다. 이 구절에는 재미있는 사항이 나오는데

'멸시가 부끄러움을, 부끄러움이 능욕을 끌어들인다는 것'(참조, 10:5; 17:2의 '부끄러움')이다.

18:4 4, 6~8, 20~21절은 말에 관한 잠언이다. "말은 깊은 물과 같고"에서 '물'은 저수지의 물을 뜻하는 것으로 생각되는데, 그 안에(20:5) '감추어져' 있고 '접근하기 어렵게' 되어 있다. 그러나 지혜로부터 나온 말은 시원하고 샘물이 솟듯 넘쳐흐른다. 그러므로 지혜롭지 못한, 쓸모없는 생각들(18:2)을 떠벌이는 미련한 자의 말과는 달리, 지혜로운 사람의 말은 유용하고 용기를 북돋아 준다(참조, 10:11; 13:14).

18:5 악인을 두둔하는 것은 불의한 것으로, 잠언서에서 자주 비난의 대상이 된다(17:15, 26; 24:23; 28:21). 마찬가지로 법정에서 재판할 때 무죄한 자(의인)를 억울하게 하는 것도 나쁘다(참조, 17:23).

18:6~7 미련한 자는 부패한 마음을 가지고 생각 없이 말하기 때문에(참조, 2절) 자신을 근심에 빠뜨린다. **입술**과 **입**(6절)이 7절에서는 역순으로 언급되어 있다. 그의 말은 너무도 어이가 없어서 남들이 그에게 채찍질을 한다(참조, 19:29의 '채찍'). 그래서 그의 말은 몰락의 원인이다. 그 자신을 함정에 빠뜨린다.

18:8 남의 말을 하는 것은(11:13; 16:28; 26:20) 별식(문자적으로 '탐욕적으로 먹는 음식.' 이 단어는 이 구절과 26장 22절에만 쓰였는데, 두 구절은 똑같다)과 같다. 험담을 듣는 것은 진미(모두가 알고 있지 않은 것)를 먹는 것과 같다. 그러므로 음식이 소화되듯이 남의 험담은 사람의 내

장에서 흡수된다(기억에 남는다).

18:9 자신의 일을 게을리 하고 관심이 없는 사람은 패가(敗家)하는 자의 형제다. 게을리 하고 끝을 내지 못한 일이란 좌절되어 버린 계획과 다를 바 없다. 양쪽 다 무가치하다.

18:10~11 10~12절은 참 안전과 거짓 안전을 논한다. 의인의 피난처는 10절에, 부자의 피난처는 11절에 언급되어 있다. 의인은 여호와란 이름, 즉 그분의 계시된 성품을 의지한다. 그는 그분을 신뢰함으로써 적을 피해 **견고한 망대**에 숨은 사람과 같이 안전하다(참조, 29:25). 부가 가난보다는 바람직한 것이고, 환난에서 사람을 지켜 주기도 하지만(18장 11절의 첫 행과 10장 15절의 첫 행이 같다), 돈이 안전의 근거로 여호와를 대신할 수는 없다. 부자는 그들의 부가 적군을 막아 주는 높은 성벽처럼 해를 입지 않도록 그들을 보호해 주리라 생각하지만, 그것은 잘못된 것이다. 돈이란 사람들을 수많은 문제로부터 전혀 보호해 줄 수 없다.

18:12~14 자신을 믿는 것도 옳지 않다. 이 구절들은 앞의 두 구절과 함께 읽어야 한다. '**교만하다**'는 '높다, 고양되다, 당당하다'를 뜻하는 가바(גָּבַהּ)의 번역으로, 16장 18절에는 명사형 고바(גֹּבַהּ : 거만)가 나온다. 자신이 남들보다 우월하다고 생각하는 사람은 **멸망**을 당하게 된다(참조, 11:2; 16:18; 29:23상). 한편 **겸손**은 힘을 주고, 살아갈 결심을 하게 해 준다. 그것은 의사들도 인정하고 있듯이, 병을 이겨 내게 할 수 있다. 그러나 내적으로 파괴된(맞은, 패배한. 참조, 15:13; 17:22 참조) 사람은, 즉 내적인 힘이 소멸된 사람은 약을 써도 소용이 없다. 육체적인 병을 앓는

사람도 정신(심령)으로 견뎌 낼 수 있다. 그러나 정신이 무너져 의기소침해진다면, 누가 혹은 그 무엇이 그 병에서 그를 일으킬 수 있겠는가?

18:15 명철한 자와 지혜로운 자는 그들의 지식을 기꺼이 증가시킨다. 그들은 그것을 마음으로 원하며(참조, 15:14), 귀로 그것을 주의 깊게 듣는다(참조, 23:12).

18:16 자신의 길을 위해 영향력 있는 사람에게 선물을 주는 것은, 비록 그것이 덜 뻔뻔스럽긴 해도 뇌물과 흡사하다(참조, 17:8, 33). 이 구절은 그런 선물의 사용을 허락하거나 권장하는 말씀이 아니라, 단지 이런 일이 실제로 행해진다는 것을 말하고 있는 것이다.

18:17 17~19절은 다툼을 해결하는 법에 대해 논의한다. 송사를 다룰 때, 재판관은 답을 하거나(참조, 13절) 판결을 내리기 전에 양측의 입장을 듣지 않으면 안 된다. 부모들 역시 아이들이 다툴 때 그렇게 해야 한다.

18:18 성경 시대에 언쟁(다툼)을 진정시키는 한 방법은 제비 뽑는 것이었다(참조, 16:33; 에 3:7; 행 1:26의 주해). 제비로 가부를 결정하는 것은 강력한 상대자들 간의 계속되는 투쟁이나 소송을 피할 수 있게 해 준다.

18:19 17~18절에서 주어진 경고의 이유가 여기에 나와 있다. 형제(또는 친구, 혈족)가 논쟁에서 기분이 상하게 되었다면, 우정을 회복하는 것은 견고한 성을 정복하는 것만큼이나 어려울 것이다. 멀어진 관계는 빗장이 쳐진 문과 같아 움직이기 어렵다.

18:20~21 입에서 나오는 **열매**(입술의 열매. 참조, 12:14; 13:2)와 입술에서 나는 것으로 비유된 사람의 말은 긍정적이고 발전적인 것일 때 자신에게 이롭다. 그러나 사람의 말(혀)이란 생명을 가져오듯이 죽음을 야기하기도 한다. 예를 들어, 법정의 증인은 말로 피고를 죽일 수도 있고, 살릴 수도 있다. **혀를 쓰기 좋아하는 자**란 수다스러운 사람을 말한다(참조, 10:19; 18:2; 20:19). 그들은 자신들이 말한 결과를 받게 될(**열매를 먹을**, 18:20) 것이다.

18:22 결혼은 아내가 '돕는 배필'(참조, 창 2:20의 주해)이기 때문에 바람직한 것이다. 하나님이 결혼을 만드셨다. 하나님은 아내를 구하는 것은 좋은 일이며, 결혼을 기뻐하신다고(**은총**[라촌, רָצוֹן]에 관해서는 8장 35절의 주해를 보라. 참조, 12:2) 말씀하셨다.

18:23 불행하게도 부자에게 자비를 구하는 가난한 사람은 종종 엄한 말을 듣게 된다. 이 구절은 그러한 반응이 당연하다는 것이 아니라, 단순히 실상이 그러함을 보여 주는 것이다. 자기보다 불행한 사람들에게 교만한 태도를 보이는 것은 옳지 못하다. 이 구절은 간접적으로 가난의 원인이 되는 게으름(6:10~11), 인색함(11:24), 듣지 않음(13:18)과 말이 많음(14:23) 등과 같은 특성들에 대해 경고한다.

18:24 아무나 친구로 삼으면, 그 수가 많아질수록 해를 당하게 된다(문자적으로 '산산이 부서진다'). 이곳에서 언어 유희(word play)가 나타난다. '친구'는 레에(רֵעַ)이고, '해를 당하다'는 라아(רָעַע)로, 발음이 서로 유사하다. 진실한 친구(문자적으로 '사랑하는 자.' 참조, 17:17) 한 명 있는 것이

믿음직하지 못한 동료 백 명 있는 것보다 낫다.

19:1~2 이 구절의 첫 행은 28장 6절의 첫 행과 같다. 가난해도 성실한(참조, 19:22하, 성실은 도덕적 완전성을 뜻한다. 참조, 2:7, 21; 11:5; 28:10, 18; 욥 1:1) 것이 패역한(이케쉬[עִקֵּשׁ]: '구부러진.' 2:15의 주해를 보라) 말을 하는 미련한(크씰[כְּסִיל]: 우둔하고 고집 센. 참조, 1:7의 주해) 자보다 낫다. '가난'(라쉬[רָשׁ])은 '빈곤, 굶주림'을 뜻한다. 이 단어는 게으름 때문에 겪는 빈곤을 나타내는 불명예스런 용어가 아니다. 미련한 자는 사악한 방법으로 부자가 되려 하나, 배고픔을 당하는 한이 있더라도 정직히 행하는 것이 옳은 행동이다.

소원(네페쉬[נֶפֶשׁ]: 영혼)은 여기서 마음의 욕구나 생명력을 뜻한다. 그것은 적합한 지식 없이 큰 실수를 하게 하는 야망적인 의욕을 말하는 것이다. 그런 성급함(참조, 21:5; 29:20)은 결국 사람으로 길을 잃게 한다. 즉 실수하게 한다. 요즘 속담에도 그와 같은 것이 있다. "서두르면 망치게 된다"(Haste makes waste).

19:3 미련하면 생명을 잃게(길을 굽게) 된다. 미련한 사람은 문제를 일으키므로, 자기 행동에 대한 책임을 져야 한다. 그 사람은 여호와의 뜻에 주의하지 않아 생긴 결과를 탓해서는 안 되는데도 여호와를 원망한다.

19:4 4~6절은 거짓 우정에 대해 언급한다. 4절의 첫째 행은 6절에서 발전되고, 4절의 둘째 행은 7절에서 확장된다. 일반적으로 부자에게는 친구가 많다(14:20하). 어떤 사람들은 그 부자의 재산을 좀 얻을까 하여 그 주위에 머물러 있다. 반대로 가난하면 그 자체도 어려운데 친구들마저 잃

게 된다. 불행하게도 많은 사람이 가난한 사람들과 사귀는 것을 피하고 싶어 한다(참조, 14:20상; 19:7).

19:5 거짓 우정의 한 형태는 법정에서 거짓 증인이 되는 것이다(참조, 9절; 14:25). 그러나 위증은 결국 벌을 받게 된다(참조, 12:19; 21:28). (거짓말을) '하는'은 문자적으로 '숨을 내쉬다, 토해 내다'라는 뜻이다(6:19; 12:17; 14:5의 '뱉다').

19:6 은혜를 구하는(문자적으로 '얼굴을 친')은 뻔뻔스러운 거짓 아첨을 말한다. 관원(개역성경은 이 단어를 '너그러운 자'로 번역했으나 문맥상 적절하지 못하다 – 역자 주)에게 아첨하는 것은 다른 사람들의 이익을 위해서 종종 행해지지만, 때때로 공의를 굽게 하기도 한다. 부자는 돈을 가지고 친구를 사려고 하고, 선물을 주고 '우정'을 얻으려고 한다.

19:7 부자(6절)와는 달리, 가난한 사람은 친구를 사귈 수 없는 경우가 자주 있다(참조, 14:20). 실로 그는 친척들에게조차 귀찮은 존재다. 그는 친구를 한 명이라도 만들려 하지만 사람들이 그를 피하기 때문에 성공하지 못하는 경우가 왕왕 있다(참조, 19:4).

19:8 지혜는 레브(לב : 마음)의 번역으로, 여기서는 '지각'(15:32에서는 '지식')을 뜻한다. 지혜롭게 사는 것은 그가 그 **영혼을 사랑한다**는 것을 분명히 보여 준다. 이것은 허영이나 자기도취가 아니라, 자신의 운명에 관한 진정한 관심을 말하는 것이다. '지키는'은 '보호하는, 보존하는, 소중히 여기는'이라는 뜻이다(참조, 19:16). **명철을 지키는** 것은 결국 자신의 영혼

에 유익을 준다(8:35~36). 그는 영적으로, 정서적으로(물질적으로는 말할 것도 없고) 복을 얻는다(참조, 16:20).

19:9 이 구절은 마지막 동사 외에는 5절과 일치한다. 이 잠언이 반복된 것은 법정에서 하는 거짓말이 미치는 심각한 영향 때문임이 분명하다.

19:10 미련한 자들이 사치하는 것은 '적당하지 못하다'(문자적으로 '어울리지 않다'). 미련한 자에게는 영예가 적당하지 않다(26:1). 그러나 종이 방백을 다스리는 위치에 있는 것은 더욱 더 합당하지 않다(참조, 17:2; 전 10:7). 종은 남을 다스리는 일에 적임자가 아니므로 그에게 다스리는 위치는 부적절한 것이다.

19:11 잠언서에서 여러 번 칭송한(14:29상; 15:18하; 16:32; 25:15) 인내는 슬기(세켈[שֵׂכֶל]. 12:8; 13:15; 16:22; 23:9에서는 '지혜')로부터 나오는 것이며, 슬기의 증거다. 그러나 혈기를 부리고 인내하지 못하는 사람도 있다(14:17, 29하; 15:18상; 19:19; 22:24; 29:22). 슬기롭고 오래 참는 사람은 그를 화나게 하는 사람들에 의해 쉽게 흔들리지 않는다. 그가 허물을 눈감아 주는 것은(참조, 12:16) 원한 품는 것이나 복수하는 것이 더욱 큰 해악을 가져올 뿐임을 아는 까닭이다. 허물을 눈감아 주는 것이 그의 영광, 즉 영예이다.

19:12 왕은 어떤 사람들 때문에 격노하기도 하나(16:14; 20:2) 또 다른 사람들에게 은택(라촌[רָצוֹן]: 복, 기쁨. 8:35의 주해를 보라)을 베풀기도 한다. 그 차이는 사자의 무서운 부르짖음(참조, 28:15)과 생기를 주는 이

슬(참조, 16:15의 '비를 내리는 구름') 간의 차이만큼이나 크다.

19:13 미련한 아들(10:1; 15:20; 17:21, 25)은 그의 아버지에게 재앙(문자적으로 '틈새')을 가져온다. 미련한 아들은 저항할 수 없는 대재난 같아서 사람을 깊은 웅덩이에 빠지게 한다. 어리석은 아들을 둔 아버지는 낙심과 절망에 빠지게 하는 극심한 고통을 겪는다.

다투는 아내 역시 문젯거리다. 이 구절은 잠언서에서 다투는 아내에 관해 언급한 다섯 구절 가운데 제일 먼저 언급된 것이다(참조, 21:9, 19; 25:24; 27:15). 그 여자는 이어 떨어지는 물방울(델레프 토레드[דֶּלֶף טֹרֵד]는 이 구절과 27장 15절에만 나옴) 같아서, 그녀의 다툼은 잔인하게 계속되고 분을 일으키며 억제되기 어렵다(27:16). 토이(Crawford H. Toy)는 아랍 속담 하나를 들어 이렇게 말했다. "집안을 견딜 수 없게 만드는 세 가지는 탁(tak: 비가 새는 것)과 낙(nak: 아내가 바가지 긁는 것)과 박(bak: 빈대)이다"(*A Critical and Exegitical Commentary on the Book of Proverbs*, p. 373). 다툼(마돈[מָדוֹן])은 구약성경의 다른 곳에서보다 잠언서에 더 자주 사용된 용어다. 이 단어는 '이간'(6:19), '분쟁'(23:29), '다툼'(6:14; 10:12; 15:18; 17:14; 18:18~19; 22:10; 26:20; 28:25; 29:22)으로 번역되었다.

19:14 젊은이들은 부모의 재산 전부나 일부를 상속받는다. 그러나 슬기로운 아내는 여호와께로부터 말미암는다(참조, 18:22). 아버지가 자식들의 아내를 선택하는 문화권에서 이런 말씀은 충격적이다. 그러므로 14하반절은 아버지를 인도하여 며느리를 선택하게 하는 하나님의 섭리를 말하는 것으로 보인다. 흥미롭게도 슬기로운 아내가 다투는 아내(13절)와 비교된다.

19:15 깊은 잠은 때때로 하나님이 주시는(창 2:21; 15:12; 삼상 26:12) 깊은 잠을 말한다(참조, 욥 4:13; 33:15). 게으름은 사람을 비활동적이 되게 해서 쉽게 깊은 잠에 떨어지게 하며, 멍한 가운데 귀중한 시간을 잃어버리게 만든다(참조, 잠 20:13). **태만한 사람**은 문자적으로 '완만한 사람'(르미야[רְמִיָּה]는 잠언서에서 네 번, 예레미야 48장 10절에서 한 번 쓰였다)을 뜻한다. 게으름 때문에 굶주리게 된다는 것은 잠언 6장 9~11절에도 나온다.

19:16 계명을 지키는 것(참조, 20절)은 자신을 보존하는 것이요, 계명을 지키지 않는 것은 자신을 파멸시키는 것이다(1:32; 6:32; 10:8, 10, 14, 29; 13:3). 행실을 삼가지 않는다(바자[בָּזָה]: 멸시하다, 무시하다)는 것은 아버지이자 교사인 솔로몬의 길이나 하나님의 길, 혹은 학습자 자신의 길을 말하는 것이다. 19장 8절을 볼 때 세 번째 견해가 옳은 것 같다.

19:17 가난한(달[דַּל]: 연약한, 도움 받을 곳 없는. 10:15의 주해를 보라) **자를 불쌍히 여기는 것**은 '동정심' 이상의 관심을 말한다. 그것은 도움의 손을 펴며 그들의 부족을 채워 주는 것을 말한다. 가난한 자에게 자비를 베풀라고 하는 것은 율법(신 15:7~11)에서도, 잠언서(14:21하, 31하; 22:9; 28:27)에서도 권장되는 바다. 그런 자비심이 없으면 비난 받는다(14:31상; 21:13; 22:16; 28:3, 27하). 가난한 자를 도와주는 것은 하나님께 투자하는 것으로, **하나님이 갚아 주신다**. 하나님은 관대한 사람에게 복 주시되 관대하게 내려 주신다.

19:18 잠언서의 대부분이 서술적 문장인 데 반해 이 구절은 명령문이

다. "네 아들을 징계하라"는 명령은 부모의 수동적인 태도에 대한 강한 경고이다. 이것은 13장 24절, 22장 15절, 23장 13~14절과 일치한다. 아이가 나쁜 행위를 저지른다면 그에게 희망이 있는 어린 시절에 매를 때려야 한다. 징계가 필요한데도 징계하지 않으면 아이를 죽게 만드는 것이다. 죽음이란 율법 아래서의(신 21:18~21) 사형을 말하는 것이 아니라 자기 자신을 파멸시키는 것, 즉 미련한 행동으로 말미암는 위험을 말하는 것이다. 죽음이란 미련한 자들(잠 1:32)과 악인들(10:27)과 게으름뱅이(21:15)에게 운명적인 것이다.

19:19 노하기를 맹렬히 하는 자(15:18; 22:24; 29:22)는 반복해서 곤궁에 빠지며 분노에 대한 대가를 치러야 한다. 자기를 절제하는 사람이 노하기를 잘하는 사람을 그 벌에서 구해 주게 되면, 그 사람은 그 도움을 기회로 계속 관대한 처분을 요구할 것이다. 달리 말해서 화를 잘 내는 사람은 배우려고 하지 않는다. 훈계를 받지 못한 많은 아들처럼 그 사람도 어쩔 도리가 없는 사람이다.

19:20 권고를 듣고(1:8의 주해를 보라) **훈계**(무싸르[מוּסָר]: 품행의 교정과 훈련)를 받으면 **지혜롭게 된다**. **필경**(참조, 5:4; 14:12)이란 생명의 마지막 때를 뜻할 수도 있으나 훈계가 주어지고 난 뒤 어느 날로 보는 것이 더 낫다.

19:21 사람이 **계획**을 할 수 있고 또 해야 하지만(참조, 16:1, 9), 하나님은 그것을 주권적으로 뒤엎기도 하시고, 겉으로 보기에 사람이 계획한 그것을 통해 당신의 목적을 이루기도 하신다.

19:22 인자(헤쎄드[חֶסֶד]: 신실한 사랑)는 사람들이 남들에게서 요구하는 덕목이다. 그러나 인자가 없다는 증거인 거짓말은 너무도 비열한 것이어서 가난이 그것보다 낫다(참조, 1절).

19:23 여호와를 경외하는 자(1:7의 주해를 보라)는 **생명**이 있고(참조, 11:19; 12:28), 안전하게 살며, 다른 사람과 사이좋게 지낸다(참조, 3:26).

19:24 게으른 자(참조, 6:6, 9; 10:26; 13:4; 15:19; 20:4; 22:13; 24:30; 26:13~16)는 너무도 나태해서 자신의 배를 채우기 위해 **그릇으로부터** 자기 입까지 손을 들어 올리는 것조차 힘들어한다. 이것은 26장 15절에서도 거의 같은 단어들로 반복된다.

19:25 남들을 괴롭히고 박해하는 것에 관한 내용이 25~29절의 주제이다. 거만한 자를 때리면(참조, 29절), 어리석은(프티[פֶּתִי]. 참조, 1:4의 주해) 자가 슬기롭게(아룸[עָרוּם]. 15:5의 주해를 보라) 된다. 그러나 거만한 자는 교훈을 받지 않는다(참조, 9:8; 13:1; 21:11). 여기에서 '어리석은 자'는 무지하고 경험이 없지만, 마음이 열려 있어 다른 사람의 처벌을 보고 경고를 받는 사람이다. 거만한 자에게는 매가 필요하지만, **명철한 자**는 말로 **견책**(1:23의 주해를 보라)하는 것만으로도 충분하다.

19:26 아버지(참조, 28:24)를 **구박하고**(괴롭히고, 빼앗고) 어머니를 쫓아내는(부모의 재산 때문에) 자식은 자신뿐 아니라 그가 속한 사회에 **부끄러움과 능욕**을 끼친다. 부모의 교훈을 무시하는 것도 대단히 나쁜 것이나, 부모를 육체적으로 학대(저주, 20:20)하는 것은 비열하기 짝이 없는

짓이다.

19:27 사람이 훈계 듣기를 멈추면(지식의 말씀에서 떠나면) 더 이상 배우지 못하게 된다(참조, 20절). 지혜롭다는 것은 상태를 말하는 것이 아니다. 이 구절은 7장 1절에서 23장 15절에 이르는 단락에서 '내 아들'이란 말이 나오는 유일한 구절이다.

19:28 망령된 증인은 고의로 정의를 찌그러뜨리며 업신여긴다. '망령된'은 블리야알(בְּלִיַּעַל)로서, 문자적으로는 '무가치하며 악한'(참조, 6:12의 주해)이라는 뜻이다. 거짓 증언은 죄악을 삼키는, 즉 만족할 줄 모르는 탐욕으로 죄를 추구하는 악인과 연결된다.

19:29 심판과 채찍(참조, 10:3하; 14:3상; 26:3)은 제 마음대로 하는 행동을 교정하기 위해서 고려된 것인데, 거만한 자와 어리석은 자에게는 효과가 없다. 이 구절은 거만한 자들이 교정되지 않음을 또다시 지적하는 말씀이다(참조, 19:25).

20:1 포도주와 독주가 타락한 성품의 사람, 즉 거만한 자(거만하게 하는 것)와 말다툼하는 자(떠들게 하는 것)로 인격화되었다(참조, 19:25, 29). 이는 포도주가 그것을 마시는 사람을 조롱하며 독주가 사람을 공격적이되게 한다는 것을 말하는 것이다. 야인(יַיִן)은 포도주를 뜻하는 가장 보편적으로 단어로서, 보통 발효된 포도즙을 말하나 가끔 발효되지 않은 것을 가리키는 데에도 쓰인다. 독주(쉐카르[שֵׁכָר])는 보리나 대추야자 또는 석류로 만든 술을 말한다. 그것은 취하게 하므로(사 28:7) 제사장(레

주해 | 149

10:9), 나실인(민 6:1~3)은 물론이고 다른 사람들도(사 5:11) 금해야 했다. 취하게 하는 주류는 사람을 타락시켜 미련한 짓을 하게 한다. 잠언서의 다른 곳, 23장 20~31, 29~35절, 31장 4~5절에서도 술 취함이 책망의 대상이 된다.

20:2 왕은 2, 8, 26절에서 언급된다. 왕의 진노(참조, 14:35; 16:14)는 사자의 으르렁거림(19:12; 28:15)과 같다. 통치자는 사람의 생명까지 취할 권력을 가지고 있으므로 그를 화나게 하는 것은 위험한 일이다. 남을 화나게 만들면 문제가 생긴다.

20:3 어떤 사람들은 싸우는 것이 영예스러운 것이라고 생각하여 쉽게 싸우지만 다툼은 피하는 것이 영광스러운 것이다. 다투는 사람은 미련한 사람이다. 다툼을 피하는 방법은 모욕을 참거나(12:16), 잠재적으로 폭발할 가능성이 있는 문제들을 멀리하는 것이며(17:14), 거만한 자를 제거해 버리는 것이다(22:10).

20:4 중동에서는 겨울이 우기이므로 그때 밭을 갈고 식물을 심는다. 게으른 자는 싫은 일은 하지 않아 추운 겨울에 진흙투성이가 된 밭을 갈지 않는다. 그래서 그는 추수 때 곡식을 거두러 밭으로 나가지만 아무것도 얻지 못하게 된다. 사전에 계획과 노력이 없이는 좋은 결과를 바랄 수 없다. 수고 없이는 얻을 것이 없다.

20:5 사람의 계획은 지혜로운 사람이 길어 내는 깊은 물(참조, 18:4)과 같다. 즉 명철한 사람은 남을 도와 참된 생각과 의도와 동기를 드러낼 수

있게 한다. 지혜로운 상담자는 사람이 자신의 참된 동기들(그가 다른 방법으로는 완전히 이해할 수 없는 사상들)을 반성해 보도록 도울 수 있다.

20:6 인자(헤쎄드[חֶסֶד]: 신실한 사랑)와 충성은 바람직한 성품이지만(참조, 3:3; 19:22), 그것을 가지고 있다고 주장하는 사람들은 실제로 인자와 충성을 보이지 않는다. 충성이 행방불명되는 경우가 종종 있다. 자신의 말을 지키고 자신의 공약에 충성스러운 것은 중요한 일이다.

20:7 7~11절은 여러 가지 행위에 관한 것이다. 항상 바르게 행동하며 흠 없는(도덕적으로 **온전하게 행하는**. 참조, 2:7; 10:9) 사람은 의인이다. 그의 **자손**에게 복이 있다. 그의 자손들은 온전한 삶을 본받아 선조와 같은 사람이 되려고 한다.

20:8 왕은 종종 재판장의 역할을 한다(예, 솔로몬. 왕상 3:16~28). 공정한 왕은 사건을 **그의 눈으로** 조심스럽게 시험해 봄으로써 악한 동기와 행동을 찾아 낼(식별할, 추려 낼. 참조, 잠 20:26) 수 있다. 그는 쉽게 기만당하지 않는다.

20:9 어떤 사람들은 완전하고 죄가 없다고 주장하지만, 그런 주장은 거짓된 것이다. 그들이 주장하는 것(참조, 6절)과 그들의 본 모습은 다르다. 죄를 범하지 않은 사람은 아무도 없다(참조, 롬 3:9~12, 23; 왕상 8:46; 전 7:20).

20:10 사람의 불순한 동기와 타락한 행위의 한 증거는 상거래 시에 드러

나는 부정직함이다(참조, 23절). 하나님은 한결 같지 않은 저울추와 되를 써서 더 많은 이익을 얻으려고 하는 부정직한 상거래(참조, 11:1의 주해; 16:11)를 미워하신다(6:16; 11:20의 주해를 보라).

20:11~12 앞에서 지적한 바와 같이(6절), 사람이 말하는 것과 그의 본 모습이 항상 같은 것은 아니다. 이것은 아이들에게도 해당된다. 그들의 **동작과 품행**에서 그들이 어떤 사람인지, **청결하며**(9절) **정직한지를**(7절) 알 수 있다. 사람의 행위는 그의 성품을 반영한다. 그러므로 귀로 남이 무엇을 말하는가를 경청할 뿐 아니라 눈으로 그들이 행하는 것을 관찰해야 한다(12절). 사람들의 언행이 일치하는가, 아닌가를 판별하는 일에 시각과 청각을 사용해야 한다.

20:13 여기에서 잠(참조, 6:9~10; 19:15상)으로 표현된 게으름은 빈궁을(6:11; 10:4상; 19:15하), 눈을 뜨는 것으로 언급된 부지런함은 풍족한 양식(10:4하)을 얻게 한다. 일해야 할 때 잠자면 결국 먹을 것이 없게 된다(10:5).

20:14 빈틈없는 구매자는 때때로 상품 값을 깎으려고 상인과 흥정을 한다. 그렇게 해서 물건을 사고 나면 그가 산 '상품'을 자랑한다. 이 구절은 현실을 말하고 있는 것이다. 이런 행동은 옳지 못한 것이며 상인은 부정직한 상품 사냥꾼(물건을 싸게 사려고 하는)을 경계해야 한다는 것이 이 구절에 내포되어 있다.

20:15 금도 진주도 귀한 것이지만(참조, 3:13~15), 지혜로운 말, 즉 경우

에 꼭 맞는 적절한 말의 가치와 희귀성에 비한다면, 오히려 금과 진주는 흔한 것이다.

20:16 이 구절은 27장 13절과 꼭 같다. 빚진 자는 빚을 갚겠다는 것을 보증하는 담보물로 돈을 꾸어 준 자에게 겉옷을 주어야 한다(출 22:26). 여기서는 돈을 꾸어 준 자가 **타인의 보증을 선 사람의 겉옷을 취하라고** 명령한다. 특히 빚진 자가 사는 곳이 일정하지 않는 여인(**노크리얌**[נָכְרִים]. 개역성경에는 '외인들'로 번역됨 – 역자 주)이라면 더욱 그러해야 한다고 명령한다. 겉옷을 담보물로 잡지 못했다면 빚진 자나 보증을 선 자에게서 결코 돈을 돌려받지 못할 위험이 있는 것이다. 잠언서에서 빚보증의 위험을 언급한 다른 구절은 6장 1~5절, 11장 15절, 17장 18절, 22장 26~27절이다.

20:17 부정직하게(부정직한 거래에 관해서는 10, 14절 참조) **취한 음식의 맛은** 처음에는 달지만(참조, 9:17의 '도둑질한 물이 달고 몰래 먹는 떡이 맛이 있다'), 결국 자갈(모래) 씹는 것처럼 괴롭게 된다. 이것은 죄의 짧은 즐거움과 긴 보응을 대조하는 것이다. 죄란 즉시 이익을 주어 매력적으로 보이지만 궁극적으로는 그 주인을 공격한다(참조, 7:14~23).

20:18 계획(경영. 참조, 15:22)을 할 때, 특히 전쟁 시에(참조, 11:14; 24:6; 눅 14:31) 남에게서 충고를 얻는 것(의논)이 중요하다.

20:19 한담은 신뢰를 배반하기 때문에(11:13상) 사람은 함께 비밀을 나눈 자를 주의해야 한다. 16장 28절, 18장 8절, 26장 20~21절도 한담을

책망한다. 그래서 말이 너무 많은 사람을 피해야 한다. 왜냐하면 그들이 지켜야 할 비밀 정보를 누설해 버리기 때문이다.

20:20 구약성경에서 그 부모를 저주한 사람은 제5계명을 범한 것이며(출 20:12) 사형을 당해야 한다. 부모를 저주한 것(반역)에 해당되는 벌은 사형이다(출 21:17; 레 20:9). 등불이 꺼진다는 것은 죽음을 생생하게 묘사한 것이다(잠 13:9의 주해를 보라. 참조, 24:20; 욥18:5~6; 21:17). 흑암이란 문자적으로 '어둠의 눈동자'를 뜻하는데, 가장 깊은 밤의 어둠을 표현한 것이다(7:2의 '눈동자'에 관한 주해를 보라).

20:21 속히 잡은 산업이란 탕자의 비유(눅 15:11~20)에서처럼 강청이나 부정직한 방법으로(잠 19:26) 미리 얻은 상속재산을 말한 것일 수 있다. 그런 재산은 쉽게 낭비하게 되고 대부분의 경우에 창의력과 노력을 억누른다. 결과적으로 상속인은 마침내 복을 받지 못한다.

20:22 22~24절은 사람의 행동에 여호와께서 관계하신다는 것을 말한다. 자기 손으로 복수하는 것은 옳지 않다(참조, 17:13; 24:29; 신 32:35; 롬 12:19). 불의에 대한 징벌은 여호와의 손에 맡기는 것이 훨씬 낫다. 때가 되면 그분이 구하실 것이기 때문이다.

20:23 이 구절은 10절과 비슷하다. 단지 10절에 부정직한 추와 되가 언급된 데 반해, 여기서는 부정직한 추와 저울이 언급된 것이 다를 뿐이다. 11장 1절의 주해를 보라.

20:24 여호와께서는 사람의 걸음을 인도하신다(시편 37편 23절에 나오는 다윗의 유사한 진술 참조). 즉 하나님은 사람의 결정과 행위를 지지하신다(참조, 잠 16:1, 9; 19:21). 하나님은 사람의 생애에서 궁극적인 '말씀'을 하시므로 사람이 전적으로 자기 길을 알기는 어렵다.

20:25 철저히 생각해 보지 않고서 경솔하게 약속하는 것은 위험하다(참조, 신 23:21~23; 전 5:4~9). 함부로 서약하고 나서 나중에 자기가 한 일을 생각하면, 짐승 잡는 덫에 발을 들여 놓는 것처럼 큰 곤궁에 처할 수 있다. 행동하기 전에 생각하는 것이 좋다.

20:26 왕은 의로운 사람들에게서 악인을 떼어 놓고 벌을 줌으로써 악인의 행위를 교정할 책임이 있다. 첫째 것은 키질(8절)로, 둘째 것은 타작하는 것으로 비유되었다. 실제로는 곡식을 탈곡하고 나서 키질을 한다. 탈곡 시 못이 달린 도리깨가 곡식 줄기를 훑어 내려 낟알을 줄기에서 분리하고 겨를 벗겨 낸다. 키질할 때 농부는 곡식을 위로 던져서 바람에 필요 없는 겨가 날아가게 한다. 왕(혹은 다른 통치자)은 악인들이 체포되어 벌 받는 것을 보아야 한다. 이것은 질서와 정의를 유지하기 위해서 필요한 일이다.

20:27 왕은 죄인들을 찾아내며(26절), 여호와께서는 사람의 속마음을 살피신다. 어둠 속을 밝히는 등불처럼 하나님은 사람의 영혼 속에 있는 것을 드러내시며 사람의 깊은 속을 살피신다(30절 참조).

20:28 인자(헤쎄드[חֶסֶד]: 신실한 사랑. 참조, 6절)와 진리(3:3; 14:22;

16:6)는 유능한 통치자에게 요구되는 것이다. 인자해야 오래 왕위(참조, 16:12)에 있게 된다. 충성도, 책임감도 없으면 사람들이 그 대신 다른 사람을 왕으로 세울 것이다.

20:29 히브리 문화권에서는 젊은 자와 늙은 자는 상대편이 갖지 못한 특별한 우월성을 가지고 있다고 생각한다. 젊은이들은 육체적인 힘을 자랑스럽게 여기고, 나이든 자들은 **백발**로 알려진 지혜를 자랑한다(참조, 16:31).

20:30 체형(상하게 때리는 것)의 목적은 고통을 주려는 것이 아니라 사람을 죄에서 벗어나게 하려는 데 있다. 그러한 벌은 육체적 고통을 두려워하게 해서 그 행위를 바꾸게 하려는 것뿐 아니라 그를 성숙하게(속에 깊이 들어가게) 하려는 것이다(참조, 27절).

21:1 21장은 여호와에 대한 언급으로 시작하고(1~3절) 마친다(30~31절). 20장 2, 8, 26, 28절이 왕에 대해 언급한다. 이제 다시 왕을 언급한다. 모든 사람의 계획이 하나님의 손 안에 있는 것같이 왕의 마음도 그분의 손에(참조, 전 9:1; 잠 16:1, 9) 있다. 농부는 물길을 파서 물을 의도대로 흐르게 한다. 마찬가지로 여호와께서는 왕의 마음을 움직이신다. 바로(출 10:1~2), 디글랏 빌레셀(사 10:5~7), 고레스(사 45:1~6), 아닥사스다(스 7:21; 느 2:1~8)가 그러한 예다. 하나님이 주권자시다(참조, 잠 21:30).

21:2 하나님이 왕의 마음에만 관계하시는(1절) 것은 아니다. 이 구절은

16장 2절과 거의 같다. 사람은 **자기 행위**(참조, 12:15)를 잘못되지 않은 것으로 생각하나 여호와께서는 **마음**을 아신다. "사람은 외모를 보거니와 나 여호와는 중심을 보느니라"(삼상 16:7). 여호와께서는 사람의 동기를 평가하시고 **감찰**하시며(참조, 잠 16:2; 24:12) 그들을 시험하신다(17:3). 하나님은 주권자시며(21:1) 모든 것을 아시는 분이다(2절).

21:3 하나님은 제사보다 순종 – **의**와 **공평**을 행하는 것(참조, 7절) – 을 좋아하신다. 희생 제사를 드리는 것이 의로운 삶의 '제사를 대신할 수는 없다(삼상 15:22). 여호와께서는 짐승 제사를 드리는 악인의 위선을 미워하신다(참조, 잠 15:8; 21:27).

21:4 이 장에는 악인이 8번 언급되었다(4, 7, 10, 12[2번], 18, 27, 29절). 거만(참조, 6:17의 '교만한 눈' 참조)과 오만(참조, 21:24)은 위선(3절)과 마찬가지로 악인들이 잘하는 것이다. 그러나 오만은 죄다. 오만(교만)은 악인의 등불(형통한 것), 즉 그들의 생활 자체이다(13:9의 주해를 보라. 참조, 20:20; 24:20).

21:5 5~6절은 부에 관해 언급한다. 부지런하고 조심스럽게 그의 일을 계획(경영)하여 진행시키는 사람과 성급한 결정을 내려 깊이 생각하지 않고 그것을 실행해 버리는 부주의한 사람이 대조된다. 전자는 **풍부함**에 이르나 후자는 결국 **궁핍해질** 따름이다(참조, 14:23). 10장 4절의 말씀처럼 부지런히 일하면 부자가 된다. 부지런함과 게으름은 12장 24, 27절, 13장 4절에서도 비교된다. 성급함은 19장 2절, 29장 20절에도 언급되어 있다.

21:6 6~8절 악인들(그들의 거짓말, 포악성, 바르지 못한 행동)을 언급한다. 부정직하게(속이는 말로) 얻은 **재물은 오래 가지 못한다**(참조, 10:2; 13:11). 그것은 안개와 같이 쉽게 사라진다(참조, 23:4~5; 27:24). **죽음을 구하는 것**이란 표현은 부정직하게 모은 돈이 사람에게 복이 되기보다 오히려 그를 사로잡아 결국에는 죽게 만든다는 뜻이거나, 혹은 부정직하게 재물을 얻으려고 하는 것은 죽음을 추구하는 것과 같다는 뜻이다.

21:7 남에게 **강포**를 행하는 자들은 그것이 자신에게 돌아오는 것을 보게 된다(악한 말처럼; 12:13). 결국 그들 자신이 그물에 걸린 물고기같이 질질 끌려갈 것이다. 하박국 1장 15절에서 동사 **가라르**(גרר)는 그물 안에 고기를 잡아넣고 끄는 데 사용되었다. 악인이 벌 받는 것은 **공의**를 알면서도 행하기를 거절하기 때문이다.

21:8 '**구부러지고**'와 '**곧으니라**'는 각각 죄인과 깨끗한 자의 행위를 묘사한 것이다. '죄를 크게 범한 자'와 '구부러지다'에 해당되는 히브리 단어는 구약성경 중 이 구절에만 나온다. 이 구절은 반어적 평행법을 이루고 있는데, 범죄한 자들의 구부러짐과 경건한 자들의 곧음(올바름)이 대조를 이룬다. 20장 11절에서 '깨끗한'(자크[זַךְ])은 '청결한'으로, '곧다'(야샤르[יָשָׁר])는 '정직한'으로 번역되었다. 흥미롭게도 21장 8절의 '악'에 대한 히브리 단어는 **와자르**(וָזָר)인데, 바로 뒤에 발음이 비슷한 '깨끗한'(웨자크[וְזַךְ])이 나온다.

21:9 **다투는 여인**에 대해서는 25장 24절에서 되풀이된다. 비슷한 사상이 19장 13절, 21장 19절, 27장 15~16절에 나와 있다. 잠언서에는 '~이

'~보다 낫다'라는 형식이 모두 19번 사용되었는데(12:9의 주해를 보라), 21장 9, 19절이 그에 해당한다. 21장 9, 19절에서 주장하는 바는 다투기 좋아하고 바가지 긁는 아내와 큰 집에서 사는 것보다는 비좁은 집(지붕 한 모퉁이)에서 또는 황량한 곳에서(광야에서[19절]) 화평하고 조용하게 사는 것이 낫다는 것이다. 다툼을 일으키는 아내가 있는 가정은 즐거움도, 만족도 없다.

21:10 악인은 탐닉하듯(참조, 4:16) 악(재앙)을 원한다. 그는 자기와 가까운 사람들(이웃)에게조차 비열하게 행한다.

21:11 19장 25절(22장 11절과 거의 같음)에서 언급된 바와 같이, 거만한 자를 공개적으로 벌하면 어리석은(프티[פֶּתִי]: 순진한, 마음이 열린) 자가 보고 지혜롭게 될 수 있다.

21:12 '의로우신 자'는 사람이 아니라 하나님이시다. 하나님이 악인의 행위를 모두 알고 그들을 환난에 던지시기 때문이다(참조, 13:6; 19:3; 22:12의 '패하게').

21:13 가난한(달[דַּל]: 연약한, 무력한. 10:15의 주해를 보라) 자의 부족함을 돌보지 않는 사람은 악한 자다(21:10~12). 이런 사람은 궁핍에 처했을 때 버림받게 될 것이다.

21:14 선물을 줌으로써 노를 쉬게 할 수 있다. 왜냐하면 받는 자의 입장에서는 그것을 사랑, 또는 최소한 관심으로 생각하기 때문이다. 심지어는

은밀히 주는 뇌물도 분을 그치게 한다(참조, 17:8). 이것은 뇌물을 묵과한다는 것이 아니라 현실이 그러함을 보여 주는 것이다(참조, 출 23:8; 신 16:19).

21:15 15~16절은 악행의 대가에 관해 언급한다. 죄인은 정의의 희생물이 되기 때문에 의인만이 그것을 즐거워한다. 패망은 므히타(מְחִתָּה : 낭패, 패망, 몰락)의 번역으로, 다른 곳보다 잠언서에서 특히 많이 쓰인다(참조, 10:14~15, 29; 13:3; 14:28; 18:7).

21:16 이 구절은 지혜롭지 못한 것이 명철(사칼[שָׂכַל] : 슬기로움)의 길을 떠난 것으로 표현되어 있다. 고의로 지혜롭고 경건한 생활에서 돌이키면 결국 죽음을 맞게 된다. 사망은 르파임(רְפָאִים)의 번역이다(2:18; 9:18; 욥 26:5의 주해를 보라). 지혜롭지 못한 사람은 지혜의 회중을 떠나 사망의 회중에 들어가려고 한다.

21:17 연락(宴樂, 15절에서는 '즐거움'으로 번역됨)을 사랑하면 결국 가난해진다. 마흐쏘르(מַחְסוֹר)는 가난을 뜻하는 또 다른 단어다. 그 뜻은 '결핍의, 가난한, 궁핍한'으로, 구약성경의 다른 곳보다 잠언서에 더 자주 나온다(6:11; 11:24; 14:23; 21:5, 17; 22:16; 24:34; 28:27). 이 구절의 상반절은 의기소침하고 절제하는 삶을 살아야 한다고 주장하는 것이 아니라 즐거움 그 자체만을 좋아하는 것을 반대하는 것이다. 자기의 술과 기름을 다 써 버리는 사람은 부자가 될 수 없다.

21:18 이 구절은 악인이 의인을 구속한다는 뜻이 아니다. 의인을 괴롭

힌 악인이 고통을 받음으로써 의인을 놓아 준다(**구속한다**)는 뜻이다. 왜냐하면 경건한 자는 더 이상 악인의 손에서 고통 받지 않을 것이기 때문이다.

21:19 다투는 아내에 대해서는 9절(또한 19:13; 25:24; 27:15)의 주해를 보라.

21:20 지혜로운 사람은 겨울을 준비하는 개미처럼(6:6~8) 먹을 것을 모아 둔다. 그러나 미련한 자는 근시안적이다. 현재의 즐거움에만 관심을 두기 때문에 미래를 위해 아껴놓지 않고 식량을 다 소비하여 추수 때까지 먹을 것이 남아 있지 않게 된다.

21:21 공의와 인자(헤쎄드[חֶסֶד]: 신실한 사랑)는 생명(3:18, 22; 4:13, 22; 8:35)과 공의(또는 번영. 참조, 3:2, 16; 8:18; 13:21; 15:6; 28:25)와 영광(3:16, 35; 4:8; 8:18)을 가져온다. 이 세 가지 복은 22장 4절에도 모두 인용되어 있다(참조, 마 6:33).

21:22 지혜로운 사람은 용사를 정복할 수 있다(참조, 24:5). 지혜와 신앙을 힘으로 삼는 사람은 요새를 의지하는 사람을 정복한다. 지혜는 힘과 안전(21절에 거론된 복과 함께)을 준다.

21:23 이 구절은 13장 3절과 유사하다. '지키는'과 '보전하느니라'는 같은 히브리 단어를 번역한 것이다. 조심성 있고 지혜롭게 말하는 것이 곤란을 피하는 한 방법이다(참조, 12:13; 14:3).

21:24 이 구절은 **망령된 자**(교만한 자. 참조, 11절; 13:1; 14:6; 19:29; 22:10)를 관련되는 세 단어로 설명하고 있다. 그 단어는 '**무례**', '**교만한**', '**교만으로 행함**'이다. 첫째와 셋째 단어는 같은 어원의 단어이고(제드[זֵד]와 자돈[זָדוֹן]), '교만한'으로 번역된 히브리 단어는 야히르(יָהִיר)로, 이 구절과 하박국 2장 5절에만 사용되었다. 21장 4절의 '높은 것'과 '교만'은 같은 뜻의 다른 히브리 단어이다. 교만이란 자기 자신을 남보다 낫게 여기는 것이다. 이런 태도는 하나님과 사람 모두에게 미움을 받게 한다(참조, 16:5).

21:25~26 이 두 구절은 모두 게으름뱅이(6:6, 9의 주해를 보라)에 대해 말한다. 게으른 자는 어떻게 되기를 바라기는 하지만 일하기를 싫어하므로 결국 배를 곯게 된다. 탐욕은 있으나 그것들을 가지지 못하는 게으른 사람과 달리, 의인은 가질 뿐 아니라 기꺼이 베푼다.

21:27 15장 8절에 언급된 바와 같이, 하나님은 악인의 제사를 미워하신다. 그 까닭은 위선 때문이다. 그들의 심중은 행동과 다르다. 의도적으로 악한 동기를 가지고 제물을 드리는 것은 더욱 나쁜 것이다. 그들은 아마 교만과 속임으로 제사장에게 나아갈 것이다.

21:28 잠언서는 반복해서 위증, 즉 법정에서의 거짓 증언에 대해 언급한다(6:19; 12:17; 14:5, 25; 19:5, 9; 25:18). 거짓 증인과 재판관 또는 그들을 따르는 사람들은 패망할 것이다. 하나님은 부정직을 심판하신다.

21:29 악한 사람은 거만과 위선으로 대담한 표정을 짓는다. 그는 거짓

말과 속임수로 사람들을 설득해 그를 믿게 만들려 한다. 그러나 의로운 (정직한. 참조, 8~18절) 사람은 그의 행위를 삼가면서 정직하고 솔직하며 일관된 삶을 살려고 한다. 그는 확실히 옳은 것만 하려고 하는데(삼가는 데), 이것은 주의하지 않고 행하는 악인의 고집스러운 허세와 철저히 대조된다.

21:30 인간의 지혜가 하나님의 지혜와 겨룰 수는 없다. 누구의 어떤 **지혜로도**, 모략으로도 하나님의 계획들을 뒤집을 수 없다. 왜냐하면 하나님은 주권자시며(1~2절; 욥 42:2) 모든 것에 지혜로운 분이시기 때문이다.

21:31 인간의 노력 역시 지혜(30절)처럼 한계가 있다. 하나님과 싸우는 것(30절), 또는 하나님 없이 싸우는 것(31절)은 무가치한 일이다. 기병대가 보병보다 우월하지만, 그것이 승리를 보장해 주지는 못한다. 승리는 오직 여호와께로부터 나온다. 그분은 인간의 노력에도 불구하고 그분의 뜻대로 전투를 역전시킬 수 있다(참조, 시 20:7; 33:17).

22:1 명예를 얻는 것(참조, 3:4; 전 7:1), 즉 좋은 성품으로 인해 영예로운 평판을 얻는 것은 많은 재산을 갖는 것보다 귀한 일이다. 성질을 버려 가면서 얻은 재물은 무가치하다(참조, 잠 1:19; 10:2; 13:11).

22:2 가난한 자가 이 장에 여러 번 언급된다(2, 7, 9, 16, 22절). 사람이 부를 얻을 수 있지만(1절), 그것이 그 사람과 가난한 자를 완전히 분리할 수 있는 수단은 못된다. 왜냐하면 그 두 종류의 사람을 지으신 이는 **여호와시기** 때문이다(참조, 14:31). 그러므로 하나님은 사람의 경제적 상태에

관계없이 모든 사람을 돌보신다.

22:3 이 구절은 27장 12절에서 반복되며, 14장 16절에도 비슷한 내용이 있다. 여기서 또다시 슬기로운(아룸[עָרוּם]: 좋은 의미에서 '빈틈없는.' 12:33의 주해를 보라) 사람과 어리석은(프티[פֶּתִי]: 순진한, 배우지 못한) 사람이 대조된다. 전자는 재앙을 깨닫고 그것을 지혜롭게 피하나(참조, 22:5), 어리석은 자는 위험을 보고도 피하려 하지 않는다. 그래서 그는 해를 당하고 만다. 이것은 7장 7~23절에서도 설명되었다.

22:4 겸손과 여호와를 경외함이 함께 따라다닌다(참조, 15:33). 하나님을 경외(예배, 신뢰, 순종, 섬김)하지 않는 사람은 자만심으로 가득 찬 사람이다. **재물**과 **영광**과 **생명**은 하나님을 경외함의 결과인데, 21장 21절(주해를 보라)의 말씀처럼 의로운 삶의 결과이기도 하다. 그러므로 여호와를 경외함과 의로운 삶은 밀접히 연결되어 있다.

22:5 패역한 자는 곤궁에 처하게 된다. 그의 길에는 가시(참조, 15:19)와 올무(참조, 21:6)가 있다. 그 행위는 가시같이 앞으로 나아가지 못하게 하며, 올무같이 짐승을 꼼짝 못하게 한다. 반대로 지혜로운 사람은 이런 결과를 미리 깨닫기 때문에(참조, 22:3) 주의하여 악인의 길을 피한다.

22:6 이 구절은 잠언서 가운데 자녀 교육에 관해 가장 잘 알려진 말씀이다. 자녀 교육에 관한 다른 구절들(13:24; 19:18; 22:15; 23:13~14; 29:17)은 모두 훈계에 관한 것이다. '가르침'을 뜻하는 하나크(חָנַךְ)의 뜻은 '봉헌'이다. 이 단어는 집(신 20:5), 성전(왕상 8:63; 대하 7:5), 우상(단 3:2)

의 봉헌에 쓰였다. 명사 하누카(חֲנֻכָּה)는 제단(민 7:10; 대하 7:9), 예루살렘 성벽(느 12:27)의 봉헌에 쓰였다. 단지 잠언 22장 6절에서만 '가르침'으로 번역되었다. 하나크(חָנַךְ)에는 '치워 놓다, 제한하다, 울타리를 두르다'라는 뜻이 있는 것으로 생각된다. 때때로 '출발'의 의미로도 사용되었다. 자녀 교육에는 자녀의 행위를 제한하여 악을 행치 못하도록, 또한 불신앙의 길로 가지 못하도록 하고, 출발부터 옳은 길로 걷게 하는 것이 포함되어 있다. 글리슨 아처(Gleason L. Archer)는 이 히브리 동사가 '신에게 어떤 것을 드리다'를 뜻하는 이집트어와 유사하다고 지적했다. 그는 6절에 대해 이렇게 말했다. "다음과 같은 뜻이 가능할 것이다. '자녀를 하나님께 바치라', '장래의 책임을 위해 자녀를 준비시켜라', '자녀가 어른이 될 때를 대비해 자녀를 훈련하고 가르치라'"(*Encyclopedia of Bible Difficulties*, Grand Rapids: Zondervan Publishing House, 1982, p. 252).

마땅히 행할 길은 문자적으로 '그의 길의 입에'(upon the mouth of his way)라는 뜻이다. '~의 입에'는 '~에 따라', '~에 일치하는'을 뜻하는 히브리어의 숙어적 표현이다. 종은 그 상전의 '입에', 또는 명령에 순종한다. '길'은 무엇을 뜻하는 것일까? 학자들의 주장은 서로 다르다. 도덕적으로나 직업적으로 가야 하는 길인가(참조, KJV, NASB, NIV), 또는 자기의 개성, 행위, 삶의 환경의 요구에 따르는 것을 말하는 것인가? 잠언서에서 '길'이 개성이나 삶의 환경의 뜻으로는 쓰이지 않기 때문에 '길'은 합당한 길, 즉 잠언서에서 계속 강조하고 있는 지혜와 믿음의 삶(근본적으로는 지혜의 길)으로 보는 것이 더 낫다. 이런 합당한 행동 양식이나 신앙적 삶의 양태를 익혀 놓으면 **늙어도**, 즉 어른이 되어도 그런 삶에서 떠나지 않게 된다.

그러나 이런 지시를 따르려고 노력했는데도 그 결과를 얻지 못하는 부모도 있다. 그 자녀들은 부모의 신앙적 가르침에서 벗어나 버린다. 이 것은 '잠언'의 성격을 시사하는 것이다. 잠언(격언)은 문학적인 하나의 도 구로, 특수 상황보다는 일반적인 진리를 나타낸 것이다. 많은 잠언이 절 대적 보증이 있는 진리가 아니다. 보편적인 상황 하에서의 진리를 표현하 는 것이기 때문이다. 예를 들어, 3~4, 9, 11, 16, 29절이 약속하는 바가 '항상' 그렇다는 것은 아니다. 잠언들의 내용이 일반적으로 진리이긴 하 지만 예외적인 경우도 있다. 이것은 자기 길을 선택하는 개개인의 자의(自 意)와 불순종 때문일 것이다(그들은 지혜의 길 대신 미련한 길을 택한다. 15절과 그 주해를 보라). 책임은 자신에게 있다. 그래도 일반적으로 기독 교 가정에서, 하나님의 기준(참조, 엡 6:4)대로 가르치고 살아가는 신앙 있는 부모의 영향 아래서 양육 받는 자녀들 대부분은 그 가르침을 따라 산다.

22:7 불행하게도 부자는 가난한 자의 주인 노릇을 하고, 채주는 **빚진** 자 의 주인이 된다. 이것은 많은 돈을 빌리기 전에 심사숙고해야 한다는 사 실을 말해 준다. 그는 종처럼 불쌍하고 억압받는 사람이 될 것이다.

22:8 악(아웰라[הַוְלָה]: 불의)의 씨앗을 뿌리는 사람은 재앙(아웬[אָוֶן]: 곤 경, 슬픔. 12:21)의 추수를 거두게 될 것이다. 죄를 지으면 반드시 재앙을 당한다(참조, 호 10:13; 갈 6:7). **분노**는 '넘치는 격노'를 뜻하는 단어의 번 역이다. 악인이 분노와 진노로 얻은 것은 오래 가지 못한다. 그들의 교묘 한 기교는 다 소진될 것이다. 이 사상은 억눌린 자에게 용기를 준다. 악인 들이 남에게 입힌 재앙은 자신들에게로 돌아갈 것이다.

22:9 선한 눈을 가졌다는 것은 관대한 성품을 뜻한다(23장 6절, 28장 22절의 '악한 눈'은 인색한 것을 말한다). 양식을 가난한(달[דַּל]: 연약한, 약한, 의지할 곳 없는) 자와 양식을 즐겨 나눈다는 것에서 그 사람이 참된 사람임을 알 수 있다. 그는 남을 돕고자 하는 바람에서 그들을 살피는 것이지, 이들을 통해 이득을 얻고자 하는 것이 아니다(참조, 신 15:10; 잠 14:21, 31; 28:27의 가난한 자에 대한 아량).

22:10 거만한 자(참조, 9:7~8, 12; 13:1; 14:6; 15:12; 19:25, 29; 21:11, 24; 24:9)는 다툼과 싸움, 수욕(칼론[קָלוֹן]: 치욕. 잠언서에서 8번, 다른 곳에서 9번 나옴)을 일으킨다. 그러므로 싸움쟁이가 사라져야 싸움이 그치게 된다.

22:11 순결한 동기와 생각(마음의 정결)과 덕 있는 말은 왕이 귀히 여기는 것이다(참조, 14:35; 16:13). 왕은 당연히 그런 사람이 주위에 있기를 원한다. 그래서 정결함과 덕스러움이 유익한 것이다. 이런 사람은 고위층 인사들과 사귈 수 있게 된다.

22:12 전지하신(참조, 15:3의 '여호와의 눈') 하나님은 **지식을** 지키신다. 반면에 **사악한 사람의 말은** 뒤집혀 버릴(쌀라프[סָלַף]. 참조, 13:6; 19:3; 21:12) 것이다. 그러므로 지혜롭다는 것은 하나님의 보호 아래 있게 된다는 것이다. 말에서조차 지혜롭지 못하고 사악하면 결국 실패하고 만다.

22:13 게으른 사람이 일을 하지 않으려고 하는 변명은 어이없는 것이다 (게으름뱅이에 관해서는 6장 6절의 주해를 보라). 이스라엘 마을 거리에

사자가(참조, 26:13) 돌아다닐 수 없지 않은가! 게으른 사람은 실제로 죽임을 당할 수 있다는 듯이 결코 밖에 나가지 않는다!

22:14 음녀의 말에 귀를 기울여 죄에 빠지는 것은(참조, 2:16~22; 5:3~6; 7:10~23) 빠져나올 수 없는 깊은 **함정**(참조, 23:27)에 빠지는 것과 같다. 간음에 대한 무서운 결말은 죄에 대해 진노하시는 하나님의 형벌을 받는 것이다.

22:15 미련한 것(에윌[אֱוִיל]에서 파생된 이윌레트[אִוֶּלֶת]이며, 그 뜻은 '거만한, 미련한, 고집스러운'이다)이 어린이의 마음에 있을지라도 징계는 그런 태도를 버리게 하며 미련을 지혜로 바꿀 수 있게 한다. '징계'(무싸르[מוּסָר])는 품행의 교정을 말하는 것인데, 여기에는 매(**채찍**. 참조, 13:24; 23:13~14; 29:15), 타이름, 그 외 다른 징계의 방법이 포함된다.

22:16 가난한(달[דַּל]: 연약한, 약한, 의지할 곳 없는) 자를 억압하면서 부자가 되려고 **부자**에게 선물(참조, 17:33)을 주어 영향을 끼치거나 호의를 얻으려는 것은 자신에게 돌아올 것이다. 그런 행위를 하면 부자가 아니라 가난하게 되고 마는 것은 아이러니다.

Ⅳ. 지혜자들의 말씀(22:17~24:34)

이 단락은 두 부분으로 나눌 수 있다. 첫째는 '지혜 있는 자의 말씀'(22:17)으로 시작되는 부분이고(22:17~24:22), 둘째는 "이것도 지혜로운 자들의 말씀이라"(24:23)는 진술로 시작되는 부분이다(24:23~34). 앞 단락(10:1~22:16)에도 두 구절이 하나의 주제를 다룬 구절이 나오는데(예, 22:17~18, 20~21; 23:1~2), 이 단락에도 그런 구절이 20개 이상 된다. 또한 이 단락에는 일반적으로 한 절이 두 행으로 되어 있는 것과 달리 일곱 절(22:29; 23:5, 29, 31; 24:14, 27, 31)이 세 행으로, 두 절(23:7; 24:12)이 네 행으로 이루어져 있는 곳도 있다. '내 아들'이 1~9장에서는 15번, 둘째 단락(10:1~22:16)에는 1번(19:27), 24장 35절에서 끝까지는 2번(27:11; 31:2) 나오는데, 이 단락에서는 5번 나온다(23:15, 19, 26; 24:13, 21). '지혜로운 자식'이 10장 1절~22장 16절에 5번 나오는 데 비해, 22장 17절~22장 34절에는 1번만(23:24) 나온다. 많은 말씀이 '하지 말라'로 되어 있는 경고다(22:22, 24, 26, 28; 23:3~4, 6, 9~10, 13, 17, 20, 22~23, 31; 24:1, 15, 17, 19, 21, 28~29). 흥미롭게도 22장 22절~24장 22절에서 30개의 잠언이 모두 경고나 충고의 이유를 포함하고 있으며, 24장 23~34절에서 몇몇 구절도 그렇다.

22장 17절~24장 34절의 말씀은 솔로몬이 아니라 다른 지혜자들에 의해 쓰였으며, 솔로몬의 생시나 그 후에 편집되었다. 이 단락의 첫째 부분(22:17~24:22)에는 30개의 말씀이 있다. 22장 17절~24장 22절의 주해의 개요는 이 부분을 어떻게 30개의 말씀으로 나누는지를 보여 준다(예, 첫째 말씀, 22:22~23; 둘째 말씀, 22:24~25).

많은 학자들은 지혜자들이 30개의 말씀으로 되어 있는 이집트의 작품 『아멘-엠-오페의 교훈』(the Instruction of Amen-em-ope)을 차용한 것이라고 주장해 왔다. 그러나 몇 가지 이유 때문에 그런 것 같지 않다.

(1) 이집트 작품의 격언은 잠언서의 것보다 훨씬 길다. 『아멘-엠-오페의 교훈』은 30장으로 되어 있는데, 각 장이 7~26행인데 비해, 잠언서의 말씀들은 주로 4행이며, 소수가 그보다 좀 많거나 적다.

(2) 『아멘-엠-오페의 교훈』의 연대가 또 다른 문제다. 윌슨(John A. Wilson)은 "BC 10~6세기의 어느 때가 가능한데, BC 5~6세기가 유력하다"고 주장한다(Ancient Near Eastern Texts Relating to the Old Testament, ed. James B. Pritchard. Princeton, N.J.: Princeton University Press, 1955, p. 421). 이 작품이 BC 500년 내지 600년대에 쓰였다면 그 연대는 솔로몬 때(BC 971~931년 통치)보다 훨씬 나중이며, 히스기야 통치 때(BC 715~686)보다도 늦다. 잠언서에 언급된 가장 나중 시대는 히스기야 때다(25:1). 그러므로 잠언서는 이집트 작품에서 차용한 것일 수 없다.

(3) 잠언 22장 22절~24장 22절의 몇몇 예외적인 구절은 이집트의 작품과 유사하다. 프리차드(Pritchard)는 심슨(D. C. Simpson)의 말을 인용했는데, 그는 다음과 같이 비교했다(Ancient Near Eastern Texts Relating to Old Testament, p. 424, n. 46).

잠언서의 말씀 30개 중 11개가 『아멘-엠-오페의 교훈』의 아홉 장과 유사하다. 이것으로 잠언서가 이집트 작품을 차용한 것이라든지 의존하고 있다고 말하기는 어렵다. 『아멘-엠-오페의 교훈』이 잠언서에서 나온 것이거나 각각 따로 기록된 것이다. 30개의 말씀으로 구성된 것은 보편적인 문학 형식 때문일 것이다. 세속적인 이집트 작품과 성경 사이에 어떤 유사점이 있다고 해서 경전의 축자 영감이 부인되는 것은 아니다. 왜냐하면 성령 하나님이 지혜자들을 인도하셔서 그분이 잠언서에 쓰기를 원했던 것을 정확하게 쓰게 하였기 때문이다. 그 말씀들 중 몇 개가 이집트의 격언과 유사하다고 해도 마찬가지다.

	잠언서	『아멘-엠-오페의 교훈』
첫째 말씀	22:22~23	2장; 4:4~5
둘째 말씀	22:24~25	9장; 11:13~14
셋째 말씀	22:26~27	9장; 13:8~9
넷째 말씀	22:28	6장; 7:12~13
다섯째 말씀	22:29	30장; 27:16~17
여섯째 말씀	23:1~3	23장; 23:13~18
일곱째 말씀	23:4~5	7장; 9:14~10:5
여덟째 말씀	23:6~7	11장; 14:5~10
여덟째 말씀	23:8	11장; 14:17~18
아홉째 말씀	23:9	21장; 22:11~12
열 번째 말씀	23:10~11	6장; 7:12~15; 8:9~10
스물다섯 번째 말씀	24:11	8장; 11:6~7

A. 지혜자들의 말씀 30개(22:17~24:22)

1. 처음 10개 말씀에 대한 서론(22:17~21)

22:17~19 귀를 기울이며(4:1,20; 5:1; 7:24) 마음을 두라(참조, 2:2)고 하는 권고는 30개의 말씀에서 제시된 것들을 따르고 순종하라는 요청이다. 권고의 이유는 18~19절에 있다. 그 말씀이 사람들로 하여금 여호와를 의

뢰하게 하기 때문에 말씀을 기억하고(네 속에 보존하며) 인용하여 이야기 할 수 있게(네 입술에 … 있게) 되는 것은 아름다운 일이다.

22:20~21 30개의 말씀(NIV 성경에는 20절에 'thirty sayings'라고 명시되어 있는데, 개역성경에는 이런 표현이 없다 - 역자 주)에 관해서는 "Ⅳ. 지혜자들의 말씀(22:17~24)" 이하의 설명을 보라. 이 말씀들에 있는 모략(조언)은 지혜자들의 **지식**에서 나오는데, 그들의 말은 **진리**이다. 권고의 이유가 다시 언급되어 있는데(참조, 22:18~19 참조), 그 이유는 배우는 자가 진리의 말씀으로 대답할 수 있게 하려는 것이다. 이 진리는 에메트(אֱמֶת)의 번역이다. '너를 보내는 자'는 배우는 자의 선생이거나 고용한 사람일 것이다.

2. 처음 10개 말씀들(22:22~23:11)

22:22~23 첫 번째 말씀. 이 구절들은 가난한 자에게서 이익을 얻으려고 하는 것에 대해 강하게 경고한다(참조, 14:31). 약한 자(달[דַּל]: 약하고, 연약하며 의지할 곳 없는 가난한 자)와 궁핍한(곤고한) 자들은 법정에서 뇌물과 거짓 고소로 자기 뜻대로 할 수 있는 악한 사람들의 먹이가 되기 쉽다. 그러나 보호받을 곳 없는 사람들은 그들의 사정을 옹호하시고, 궁핍한 자들로부터 불의하게 취하는 자들에게서 공의롭게 취하시는 여호와의 보호를 받는다.

22:24~25 둘째 말씀. 이 경고는 노를 품는 자(혈기 있는자. 참조, 19:19)와 쉽게 화를 내는 자(문자적으로 '분노의 사람')와는 친구가 되지 말고 교

제도 나누지 말라는 것이다. 왜냐하면 그런 자와 교제를 할 경우에 미련하고(14:7, 29), 다투기 좋아하고(15:18), 죄에 빠지고(29:22), 벗어나기 어려운 올무에 매이는(참조, 29:6) 진노의 길로 가게 될 것이기 때문이다.

22:26~27 셋째 말씀. 빚보증을 서는 것이 얼마나 위험한 모험인지 잠언서에 여러 번 언급되어 있다(6:1~5의 주해; 11:15; 17:18; 20:16; 27:13). 손을 잡는다(문자적으로 '두드리다')는 것은 손을 흔드는 행동처럼(6:1의 주해를 보라) 동의를 확인하는 것이다. 빚진 자가 갚을 수 없을 때에는 돈을 빌려준 자가 보증인을 괴롭힐 것이며, 보증인도 갚을 능력이 안 될 때는 가구를 빼앗기게 될 것이다. 이 심각한 결말은 어리석게 남의 재정 문제에 연루된 것에서 생기는 것이다.

22:28 넷째 말씀. 성경은 6번이나 지계석을 옮기는 죄에 대해 언급한다(신 19:14; 27:17; 욥 24:2; 잠 22:28; 23:10; 호 5:10). 농부는 경계선의 돌들을 옮김으로써 자신의 토지를 넓히고 이웃의 것을 줄일 수 있었다. 이 일 역시 도적질이며, 제8계명을 범하는 것이다(출 20:15).

22:29 다섯째 말씀. 자기 일에 부지런하고 **능숙한**(마히르[מָהִיר]는 '빠르고 민첩한'으로 번역될 수도 있) 것이 고용한 사람을 움직이는 최선의 방법이다. 부지런히 일하면 결국 승진하게(신분이 낮은[천한]사람들이 아니라 **왕 앞에 서게**) 된다. 왕이 선한 일꾼에 대해 들으면 그 사람을 불러 자신을 섬기게 할 것이다.

23:1~3 여섯째 말씀. 명망 있는 주인(예, 관원)의 잔치에 초대를 받은 경

우에는 겸손한 태도를 보이고 절제해야 한다. 그런 경우 주위 상황을 살피고(앞에 있는 **자가 누구인지를 생각하며**), 식욕을 절제해야 한다(21절. 참조, 28:7의 '음식을 탐하는' 참조). 자신의 목에 (음식이 아니라) 칼을 대라는 충고는 자살하라는 말이 아니고 탐식을 절제하라는 뜻이다. **탐식**은 히브리어 네페쉬(שׁפֶנֶ)를 번역한 것인데, 여기에는 '육체적 생명'(13:3, 8), '자기 자신'(19:8; 21:23), '식욕'(16:26), '소욕'(10:3), '소욕이 자리 잡고 있는 곳'(21장 10절은 문자적으로 '악한 네페쉬는 갈망한다') 등의 뜻이 내포되어 있다. 23장 2절의 탐식에 대한 생각도 '소욕'이나 '갈망'의 뜻에서 나온 것이다. 왕의 잔치에 나오는 진미는 속임수일지도 모른다. 통치자인 주인이 호화로운 음식을 차려 우호적인 체하나, 사실은 그것이 손님을 배신할 음모일 수도 있고, 그에게 불의를 행하려는 것일 수도 있다(참조, 7절). 그 잔치가 '아첨'(유혹)일지도 모른다.

23:4~5 일곱째 말씀. 이 두 구절은 **부자**가 되려고 지나치게 일하는 것을 경고한다. 이것은 근면하게 일하지 말라는 뜻이 아니라 돈 때문에 자기 자신을 소모해서는 안 된다는 것을 말한다. 이런 면에서도(잔치에서 먹을 때는 물론이고, 1~2절) 절제의 지혜가 필요하다. 특히 보다 많은 재화를 축적하기 위해 과도한 일을 하는, 물질주의가 판치는 오늘날에는 더욱 그러하다. 이 충고의 이유는 부가 일시적이며, 항구적인 것이 아니기 때문이다(참조, 27:24). 5상반절은 문자적으로 "네가 너의 눈으로 그것(부)을 좇아 날아가게 하면"인데, 부를 좇으면 오히려 부가 **독수리처럼** 날아가 버린다.

23:6~8 여덟째 말씀. 1~3절은 관대한 통치자가 베푼 음식을 탐욕스럽

게 먹지 말라는 충고이고, 6~8절은 악한 눈(구약성경에서 이 구절과 28장 22절에만 나옴. 참조, 22장 9절의 '선한 눈'에 관한 주해 참조)이 있는 자가 차린 음식을 먹는 것에 대한 경고이다. 그가 차린 **맛있는 음식**을 탐하는 것은 관원(23:3)이 베푼 맛있는 음식을 탐하는 것만큼이나 좋지 않고 위험하다. 초대자가 위선적으로 관대한 체하면서도(먹고 마시라) 음식의 비용에 대해서만 생각하고 있다는 것을 손님이 알아차릴 때, (마음에) 거부감이 일어날 것이다. 그 손님은 음식이 정직하게 차려진 것이 아니기 때문에, 또 그가 한 찬사(**아름다운 말**)가 헛된 것임을 알게 되었기 때문에 그 음식을 토해 버리고 싶을 것이다.

23:9 아홉째 말씀. 미련한(크씰[כְּסִיל]: 둔하고 어리석으며 고집스런 바보. 1:7의 주해를 보라) 자를 가르쳐 보겠다고 하는 것은 소용없는 일이다. 그는 슬기롭게('지혜로운'은 세켈[שֵׂכֶל]을 번역한 것으로, 12장 8절, 13장 15절에서는 '지혜', 16장 22절에서는 '명철', 19장 11절에서는 '슬기'로 번역됨) 이야기하는 선생의 말을 업신여긴다.

23:10~11 열 번째 말씀. 10상반절과 22장 28상반절이 같고, 23장 10하~11절은 부분적으로 22장 22~23절과 유사하다. 지계석을 옮김으로써 이웃의 토지를 훔치는 것도 아주 나쁜 일이지만, 과부의 **자식**에게서 **밭**을 빼앗는 것은 더욱 더 악한 일이다. 아버지 없는 자를 돌보시는 여호와(신 10:18; 시 10:14, 17~18; 68:5; 82:3; 146:9)께서는 고아들을 학대하고 그들의 것을 훔치는 자는 누구라도 적으로 삼으신다. 그분은 그들의 구속자(고엘[גֹּאֵל]: 곤궁에 빠졌거나 보호가 필요한 친척의 의무를 책임지는 자)이시다.

3. 나머지 20개 말씀에 대한 서론(23:12)

23:12 이 구절은 연속적인 말씀을 구분 짓는 역할을 하며, 22장 17~21절이 처음 10개 말씀을 소개하는 것처럼 나머지 20가지 말씀의 서론 역할을 한다. 착심하라는 것은(참조, 22:17하) 훈계(무싸르[מוּסָר], 23:13)에 대한 열심과 열망을 제안하는 것이다. 귀를 기울이라는 말은 주목하고 경청하라는 말의 다른 표현이다(참조, 22:17상).

4. 나머지 20개 말씀(23:13~24:22)

23:13~14 열한 번째 말씀. 아이에게는 **훈계**(무싸르[מוּסָר]: 품행이나 언행의 교정. 참조, 1:2, 7)가 필요하다. '채찍'이 어떤 형태의 훈련을 비유적으로 나타내기도 하지만, (회초리나 매에 의한) 체벌(13:34; 22:15; 29:15)은 성경에서 허락되고 있다. 부모와 아이는 매 맞는 것 때문에 아이가 죽을 것이라고 생각할 수도 있으나, 결코 그렇지 않다. 벌은 그 아이를 죽게 하는 것이 아니라 스올(쉐올[שְׁאוֹל]: 무덤)에서 아이를 건져 낼 것이다.

23:15~16 열두 번째 말씀. '내 아들'(참조, 19, 26)을 향한 이 호소는 지혜로운 아이는 부모의 훈계(13~14절)에서 배운다는 것을 보여 준다. 지혜로운 아들이 미련한 아들보다 그 아버지의 **마음**을 더 기쁘게 한다는 사실이 10장 1절, 15장 20절, 23장 24절, 27장 11절, 29장 3절에도 기록되어 있다. 지혜는 사람의 마음에 내면화되어야 한다(참조, 23:17, 19, 26. 또한 12절, 22:17을 주목하라). 아버지의 마음과 속은 그의 내적 자아와 지적, 정서적 본질을 언급한 것이다. 지혜로운 마음은 **정직**을 말함

에서 드러난다.

23:17~18 열세 번째 말씀. 지혜롭고 경건한 사람들과는 달리 죄인들에게는 소망(24:20)이 없기 때문에 그들을 부러워하거나(참조, 3:31; 24:1, 19; 시 37:1) 그들이 하는 일을 하고 싶어 하는 것은 쓸데없는 일이다. 죄의 순간적인 기쁨과 여호와를 경외하는 것(참조, 19:23; 24:21)으로 말미암는 궁극적인 소망은 비교될 수 없다.

23:19~21 열네 번째 말씀. 아들은 그 아버지의 교훈에 귀 기울이고 주의하며 **바른 길**(합당한 행위)로 가고자 함으로써 **지혜로워진다**. '바른 길'을 걷는 한 방법은 술 취함(20:1의 '**포도주**'에 대한 주해를 보라)과 탐식(참조, 23:2)을 피하는 것이다. 이 두 죄는 졸음을 일으켜 결국 나태하고 가난하게 만든다. 술을 많이 마시는 것의 다른 해악이 29~35절에 나온다.

23:22~23 열다섯 번째 말씀. 22, 24~25절은 부모에 대한 언급이다. 부모의 교훈과 충고에 주의하라는 것이 다시 강조된다. 이는 잠언서에서 계속 되풀이되고 있는데, 그 이유는 자기들 멋대로 하려는 아이들의 경향 때문이다. 지혜로운 자식은 그 부모가 늙었을 때 존경한다. 그들을 경히 여기는 것(부즈[בוז]: 잠언서에 자주 쓰이는 동사로, '멸시하다'라는 뜻. 1:7의 주해를 보라)은 제5계명(출 20:12)을 범하는 것이다. 진리를 산다는 것은 **지혜와 훈계**(무싸르[מוסר]. 잠 23:12~13의 주해를 보라)와 **명철**(참조, 1:2~6)뿐 아니라 진리를 얻기 위해서라면 어떠한 힘이나 자금이라도 들여야 함을 말하는 것이다.

23:24~25 열여섯 번째 말씀. 24절은 잠언서에서 하나님 보시기에 지혜로운 것은(참조, 15절) 경건하거나 의로운 것임을 보여 준다. 24절의 처음 '즐거울'과 25절의 '기쁘게'는 히브리어 길(גיל)의 번역이고, 24절의 두 번째 '즐거울'과 25절의 '즐겁게'는 사마흐(שׂמח)의 번역이다. 아버지도 아들을 낳은 자로(22절), 어머니도 낳은 자로 표현되고 있다. 부모의 훈계에 순종하며 지혜롭고 경건하게 사는 것은 아이 자신뿐 아니라 그 부모에게도 유익을 준다.

23:26~28 열일곱 번째 말씀. 다시 아버지의 가르침을 따르라는 권고가 아들(내 아들. 참조, 15, 19절; 24:13, 21)에게 주어진다. '네 마음을 내게 주며'(참조, 23:15, 17, 19)라는 말은 아들의 사상과 가치관에 호소하여 그의 생활방식(길)이 그 아버지의 방식을 따르게 하려는 것이다. 아들의 입술(22:18)과 귀(23:12)는 물론 눈도 중요한 것이다. 사람이 무엇을 보거나 말하거나 듣든지 여호와를 기쁘게 해드려야 한다. 아버지는 성적 무절제(5:20; 6:24; 7:5; 20:16)의 위험성에 대해 절박하게 호소한다. 두 종류의 부도덕한 여자가 있는데, 결혼하지 않은 여자(음녀)와 결혼한 여자(이방 여인)이다(이 용어의 히브리어에 대한 설명은 2장 16절의 주해에 나와 있다). 부도덕한 여자들은 그 안에 남자들을 가두고 붙잡는(참조, 6:27~35; 7:21~27) 깊은 구덩이(참조, 22:14)나 함정 같아서 남자들을 벗어나지 못하게 한다. 남자들은 유혹할 자를 찾아 강도처럼 갑자기 덤벼들어(참조, 7:7~10) 희생자의 수를 늘리려는 타락한 여자들(이방 여인들)을 조심해야 한다. 물론 성경은 여자들을 유혹하는 남자들에 대해서도 경고한다.

23:29~35 열여덟 번째 말씀. 이 구절들은 술 취함(참조, 20~21절; 20:1; 31:4~5)에 관해 잠언서에서 가장 길고 명료하게 경고한다. 여섯 개의 질문이 주의를 환기시키는데, 그것은 정서적인 문제(재앙과 근심)와 사회적인 문제(분쟁과 원망)와 육체적인 문제(비틀거리다가 부딪쳐서 생기는 상처와 붉은[충혈된] 눈)인데, 오랫동안 술에 잠기고 혼합한 술(밈쏘크[מִמְסָךְ]. 이 구절과 이사야 65장 11절에만 사용됨)을 마셔 댄 결과이다. 포도주는 빛깔과 맛(붉고 번쩍이며 순한) 때문에 매혹적이다(잠 23:31). 그러나 **마침내**(5:4; 14:12; 16:25; 19:20; 25:8; 28:23; 29:21) 그것은 뱀이 무는 것같이 황폐케 하고 고통스럽게 할 것이다.

술 취함은 또한 정신적인 문제(23:33)도 일으키는데, 환각과 **구부러진**(비뚤어지고 비정상적인. 2:12의 주해를 보라) 것들을 상상하게 만드는 것이다. 술고래는 제대로 걷지도 못한다. 혼수상태에서 그는 자신이 배의 **돛대** 위에서 흔들리고 있는 항해자같이 움직이고 있다고 상상할지도 모른다. 또한 술고래는 사람들이 때려도(참조, 23:29의 '상처') 아픔을 모른다. 무감각한 상태를 알기에 그는 **다시 술로 도피하고** 싶어 한다. 그는 술의 노예다.

24:1~2 열아홉 번째 말씀. 이 말씀은 30개의 말씀 중 세 번째로 악인을 부러워하지 말라고 경고하는 말씀이다(참조, 23:17; 24:19. 또한 3:31을 보라). 23장 17~18절과 24장 19~20절에서 죄인을 부러워 말라고 한 이유는 그들의 장래가 암담하기 때문이다. 여기서는 그들이 **강포**(참조, 8절)를 품고 남을 잔해할 것을 논의하는 것(참조, 1:10~19)이 그 이유다. 마음에 있는 것이 말(**입술**. 참조, 4:23~24)로 나오기 마련이다.

24:3~4 스무 번째 말씀. 스무 번째부터 스물두 번째 말씀은 지혜에 관한 것이다. 악을 꾀하는 것에 대해서는 잠언서에 여러 번 언급되었다 (3:29; 6:14; 12:20; 14:22; 16:27, 30; 24:2, 8). 최선의 방도는 그런 사람들 속에 머물지 않는 것이다. 집은 **지혜**와 **명철**과 **지식**으로 건축되고 견고히 되며, **보배**로 채워진다. 이것은 문자 그대로 집을 세우는 것에 대한 언급일 수도 있으나, 더 적절한 것은 어떤 사업 수행에 관한 언급일 것이다. 미련함과 죄는 안전이나 번영에 도움이 되지 않지만, 지혜는 그렇지 않다. 이 사실은 2절에 언급된 강포와 대조된다.

24:5~6 스물한 번째 말씀. 지혜는 안전과 번영에(3~4절) 더하여 여러 가지 일을 완수하기 위한 힘도 준다(참조, 21:22). **지혜로운** 사람은 자기만 믿는 사람이 아니다. 그는 남에게 전투를 이기는 법에 관해 조언을 구한다(참조, 11:14; 20:18. 또한 15:22을 주목하라). **모사**(전략)에 관해서는 1장 5절의 주해를 보라.

24:7 스물두 번째 말씀. 미련한(에윌[אֱוִיל]: 거만하고 고집스럽고 어리석은. 1:7의 주해를 보라) 자는 지혜로운 것을 인식할 수도, 이해할 수도, 말할 수도 없다. 지혜(강조를 위해 1장 20절, 9장 1절처럼 복수로 쓰임)란 그와는 거리가 멀다. 그러므로 그는 지혜자들이 법적인 판결을 내리는 성문에서 입을 열지 못한다(또는 입을 열어서는 안 된다).

24:8~9 스물세 번째 말씀. 악한 꾀를 계속 생각해 내는(참조, 2절) 사람은 **사악한 자**(문자적으로 '악한 꾀의 소지자.' 참조, 12:2; 14:17의 '꾀') 로 알려지게 된다. 그런 꾀는 악한 것이고 비방거리(참조, 13:1의 '거만한

자')가 되기 때문에 어리석은 것인데, 사람들은 그것을 미워한다(참조, 16:12; 29:27의 '미움').

24:10 스물네 번째 말씀. 환난 날에 낙담하는 것은 사람의 힘이 제한적임을 보여 준다. 이것은 5절에 설명된 대로, 사람이 지혜롭지 못하기 때문에 지혜가 힘을 주는 것임을 미묘하게 보여 준다. 히브리어로 **낙담**(**차라**[צָרָה])과 **미약함**(**차르**[צַר]: 좁은, 꽉 죄는, 제한된)이 연이어 나오면서 언어유희를 이룬다.

24:11~12 스물다섯 번째 말씀. 10절이 자기에게 닥치는 환난에 대한 것이라면, 11~12절은 남의 환난에 대한 것이다. 여기서 **사망**과 **살륙**으로 끌려가고 있는 사람들은 사형을 선고받은 죄수들이 아니라 불의한 억압의 희생자들일 것이다. 어떤 사람들은 다른 사람의 곤궁을 몰랐다고 주장할지 모르나, 하나님은 고의적으로 모른 체하는 죄를 범한 사람을 아시고 판단하실(보응하실) 것이다(참조, 마 25:41~46). 그분은 **마음을 저울질하신다**(참조, 잠 21:2). 즉 그분은 사람의 감춰진 동기와 생각들을 아시고 헤아리신다. 하나님은 가난한 자와 의지할 곳 없는 자의 형편에 관심을 가지신다(참조, 22:22~23; 23:10~11).

24:13~14 스물여섯 번째 말씀. 꿀은 고대 근동에서 가장 단 물질인데, 그것이 **좋고 달콤한** 것처럼 **지혜**는 사람에게 **장래의 소망**(23:18)을 가져다주기 때문에 영혼에 유익하고 바람직하다. 꿀은 잠언서에 6번 나온다(5:3; 24:13[2번]; 25:16, 27; 27:7). '내 아들'은 30개의 말씀 중에 5번 나온다(23:15, 19, 26; 24:13, 21).

24:15~16 스물일곱 번째 말씀. 스물일곱 번째부터 스물아홉 번째 말씀은 첫 번째부터 네 번째, 여섯 번째부터 열한 번째, 열네 번째, 열여덟 번째부터 열아홉 번째 말씀과 같이 경고의 말씀이다(하지 말라). 15~16절은 악한 자가 의인과 그 소유를 파괴하려는 일이 헛된 일임을 경고한다. 하나님이 보호해 주시기 때문에 의인은 여러 차례의 약탈과 공격으로부터 회복되지만, 그런 음모(참조, 2, 8절)를 충동질한 악한 자들이 오히려 재앙을 당할 것이다(참조, 1:18~19). 악을 꾀하는 자가 오히려 재앙을 당하는 이런 예가 다니엘 3장과 6장에 나온다.

24:17~18 스물여덟 번째 말씀. 하나님은 남의 실패를 즐거워하는 사람들을 역겨워하신다. 17장 5절에서는 가난한 자의 환난을 즐거워하는 것을 책망했는데, 24장 17절에서는 원수가 당하는 곤궁을 즐거워해서도 안 된다고 말하고 있다. 원수의 환난을 바라보며 즐거워하면 하나님이 그 원수의 편이 되시고 그를 향한 **진노**를 철회하실 것이다. 남의 실패를 즐거워하는 것은 오만한 태도이기 때문에 하나님은 그것을 미워하신다.

24:19~20 스물아홉 번째 말씀. 이 구절들은 30개의 말씀 중에서 죄인을 부러워하는 것을 꾸짖는 세 번째 말씀이다(참조, 23:17; 24:1). 죄인들에게는 장래의 소망이 없기 때문에 죄인들의 소유와 행위 때문에 분노하거나(참조, 시 37:1) 그들과 짝하려는 것은 옳지 못한 일이다. 그들은 죽을 것이다('꺼져 가는 **등불**'에 대해서는 13장 9절의 주해를 보라). 그러나 의롭고 지혜로운 자는 미래를 향한 소망을 가진다(참조, 23:18; 24:14). **행악자**와 **악인**은 19~20절에서 동의어로 사용된다.

24:21~22 서른 번째 말씀. 서른 번째 말씀이 **여호와**를 경외하는 것으로 끝맺는다(참조, 1:7의 주해). 여호와와 왕은 **반역자**를 벌하는 존재이다(참조, 롬 13:1~7; 벧전 2:13~17). "그들의 재앙은 속히 임하리라"는 구절은 반역자가 남에게 끼칠 환난, 혹은 하나님과 왕이 반역자에게 줄 재앙을 말하는 것인데, 후자의 가능성이 더 크다. '멸망'의 히브리어 **피드**(פִּיד)는 잠언서에는 이곳에만, 욥기서에는 4번 쓰인 단어다.

B. 지혜자들의 추가적인 말씀(24:23~34)

이 단락은 지혜자의 말씀 6개를 추가로 제시한다(22:17의 주해를 보라). 이 잠언들은 법정에서의 공의와 불의, 정직, 우선순위, 거짓 증언, 복수와 게으름에 대해 논한다.

1. 첫 번째 말씀(24:23~25)

24:23~25 불공정한 재판은 신명기 1장 17절, 16장 19절, 잠언 17장 15절, 18장 5절, 28장 21절에서 비난받고 있다. 악인을 놓아 주는 것도 옳지 못하다(참조, 17:26의 주해). 공의를 굽게 하면 결국 지도자들은 저주를 받고 공개적으로 비난받게 된다. 반대로 죄인에게 공의를 실행하는 것은 재판관에게 **좋은** 복을 가져다준다. 그런 재판관들은 존경과 좋은 평판을 얻게 된다.

2. 두 번째 말씀(24:26)

24:26 적당한 대답은 문자적으로 '바른 말, 곧은 말'이다. 이것은 24~25절과 묶일 수 있다. 정직한 말과 입맞춤이 어떻게 같은가? 진실한 **입맞춤**이 사랑을 보여 주고 사람들로부터 환영을 받듯이, 정직한(솔직한) 대답도 사람에게 관심을 보여 주고 사람들로부터 환영받는다.

3. 세 번째 말씀(24:27)

24:27 이스라엘 사람들은 대부분 농사를 지으며 살았는데, 보다 순간적인 육체적 쾌락에 힘쓰기 전에 밭을 갈고 씨를 뿌려야(밭에서 준비하고. 참조, 30~31절의 주해) 했다. 집을 세운다는 것이 문자 그대로 집을 건축하는 것이든지, 결혼해서 가족을 이루는 것을 비유하는 것이든지 원리는 마찬가지다. 우선순위를 바르게 세우는 것이 중요하다.

4. 네 번째 말씀(24:28)

24:28 23하~25절은 재판에 관해, 28~29절은 법정의 증언에 관해 언급한 것이다. 거짓 증언을 하는 것, 그래서 타인의 평판에 해를 입히거나 정당하지 못한 이득을 얻거나 다른 사람의 생명을 취하는 것은 잠언서에 자주 언급되는 금지 사항이다(6:19의 주해를 보라). 제9계명도 그것을 금한다(출 20:16). 법정에서 거짓을 말하는 것은 옳지 못하다(잠 12:20의 '궤휼'에 관한 주해를 보라).

5. 다섯 번째 말씀(24:29)

24:29 이 구절이 28절과 이어진 말씀이라면(분리된 말씀이라기보다), 특별히 위증에 대한 복수를 언급하는 말씀으로 볼 수 있다. 그러나 28절과 분리된 것이라면 복수에 대한 일반적인 경고에 해당된다(신 32:35; 시 94:1; 잠 20:22; 롬 12:19; 히 10:30).

6. 여섯 번째 말씀(24:30~34)

이 게으른 자에 관한 진술들 가운데 어떤 것은 6장 6~11절의 말씀과 유사하다(6:6~11의 주해를 보라). 저자는 게으름의 현장을 관찰하여(24:30~31) 그것을 깊이 생각했으며(32절), 게으름의 결과에 대해 결론을 내렸다(33~34절).

24:30~31 게으른 자는 잠언서에 13번 사용되었는데, 여기에서 게으른 자는 **지혜 없는 자**로 불린다(6:32; 10:13의 주해를 보라). 게으른 사람은 밭을 돌아보지 않는다(참조, 24:27). 그는 밭을 방치해 버리기 때문에 가시덤불과 거친 풀이 자라서(참조, 15:19) 곡식 심을 자리조차 없게 된다. 또한 밭 둘레의 돌담도 무너진 채 남아 있다.

24:32~34 저자는 그가 본 것을 깊이 생각할 때 훈계할 말을 깨닫게 되었다. 게으름(일할 시간에 누워 쉬는 것)의 결과는 **빈궁**이다(6:11의 주해를 보라). 게으른 사람은 추수할 작물이 없으므로 먹을 것도, 다른 사람에게 팔 것도 없다. 그는 불시에 곤궁의 실재를 깨닫게 된다. 즉 곤궁이 강

도같이 오며, 군사같이 갑작스럽게 닥친다. 30개의 말씀은 가난한 자(달 [דַּל]: 연약하고 의지할 곳 없는 자)에 대한 언급으로 시작되고(22:22), 추가된 6개 말씀은 궁핍(마흐쏘르[מַחְסוֹר] : 부족, 결핍)에 대한 언급으로 끝을 맺는다.

Ⅴ. 히스기야의 신하들이 수집한 솔로몬의 잠언(25~29장)

25:1 아마 왕궁 서기관들로 생각되는 히스기야의 신하들이 100개 이상의 솔로몬의 잠언을 편집했다(문자적으로, 한 책이나 두루마리에서 다른 책으로 '옮겼다'). 이때는 솔로몬이 그것들을 쓴 지 약 250년이 지난 뒤였다. 히스기야의 신하들은 많은 잠언을 유사한 주제로 분류했다.

25:2 2~7절은 왕에 대한 말씀이다. 여기에 언급된 왕이 아마 솔로몬일지라도 이 잠언들은 이스라엘과 유다의 모든 왕에게 해당되는 것이다. 하나님은 당신과 당신의 계획에 관해 모든 것을 드러내기를 원하시지 않았다(참조, 신 29:29). 이것은 왕이 합당한 결정을 내리기 위해서는 문제를 충분히 살펴야 한다는 것을 뜻한다. 하나님은 어떤 것들을 감추시는 것을 기뻐하시나, 왕들은 살피는 것을 기뻐한다.

25:3 이 구절은 25~26장에서 '~같이'를 써서 비교하는 많은 구절(25장에 12번[3, 11~14, 18~20, 23, 25~26, 28절], 26장에서 13번) 가운데 제일 처음 나온 것이다(26:1의 주해를 보라).

하나님은 그 지식을 왕에게 숨기시고, 왕들은 그의 지식을 신하들에게 숨긴다. 통치자들은 세태 돌아가는 것을 알아야 하고 충분히 살펴야 하는데(25:2), 그렇다고 그들이 아는 모든 것을 밝힐 필요는 없다. 2절의 '살피다'와 3절의 '헤아릴 수 없다'가 이 두 구절을 연결한다.

25:4~5 은에서 불순물이 제거되듯이(참조, 27:21) 악한 자들이 왕 앞에서 제거되어야 한다. 간신들을 제거해야(참조, 20:8, 26) 왕이 의로운 통

치를 할 수 있다. 5절의 마지막 행은 16장 12절의 마지막 행과 거의 일치한다.

25:6~7 자격이 없는데도 스스로 대인인 체하며 왕이 되려고 하는 것은 옳지 못하다. 왕이 귀인 앞에서 어떤 사람을 내쫓음으로써 창피를 주는 것보다 왕이 그 사람을 높은 자리로 불러올리는 것이 훨씬 좋은 모습이다. 그리스도께서 이 말씀을 비유로 설명하신 바 있다(눅 14:7~10).

25:8 7절의 '네 눈에 보이는'은 히브리 문장에서 7절 끝에 있다. 그런데 그것을 7절에 넣을 경우 7절의 길이가 너무 길어지고, 의미상으로도 8절에 넣는 것보다 못하기 때문에 어떤 번역들은 그것을 8절에 포함시킨다(예, NIV, RSV).

8절은 남을 **성급히** 고발하는 것에 대해 경고한다(참조, 24:28). 그 이유는 원고가 소송에 져서 **부끄러움**을 당하게 되지 않기 위해서, 즉 그가 보고 생각한 것과 사실과 다를 수 있기 때문이다.

25:9~10 원고는 재판 시에 이웃에 대한 유죄의 증거로 친구의 비밀을 말하고 싶을지도 모른다. 그러면 그 친구가 그에게 망신을 줄 것이고, 원고는 돌이킬 수 없는 치욕을 당하게 될 것이다. 남을 법정에 고소하는 것은 위험한 일이다.

25:11~12 합당하고 시기적절한 말(참조, 15:23; 24:26)은 **책망**(1:23의 주해를 보라)일지라도 매력적이고 멋있는 것이다. 즉 그것은 은 조각품 위의 **금** 사과나 금귀고리 또는 보석 장식과 같다.

25:13 (건기에 농작물 위에 내리는 눈이 아닌) 산의 눈(개역성경에서는 '얼음')은 추수하는 때의 열기를 식혀 준다. 마찬가지로 충성된 사자는 그를 파송한 사람을 시원하게 한다(참조, 13:17). 미덥지 못한 사자는 10장 26절과 26장 6절에 언급되어 있다.

25:14 구름과 바람은 농부에게 비의 약속과 같다. 그러나 비가 오지 않으면 농부는 대단히 실망한다. 마찬가지로 선물을 주겠다고 큰소리 친 사람들이 그 약속을 지키지 않을 때 선물을 받을 것으로 생각했던 사람들이 실망하게 된다. 지킬 자신이 없으면 어떤 약속도 하지 말아야 한다.

25:15 오래 참음과 부드러운 혀(참조, 15:1)는 특별한 영향을 미칠 수 있다. 급하고 거친 말로 잃는 것보다 훨씬 많은 것을 이룰 수 있다. 단단한 '**뼈**를 꺾는 혀'는 화술을 뜻하는 생소한 비유다. 어떻게 혀가 **뼈**를 꺾을 수 있는가? 이것은 부드러운 말이 어려운 일들을 해결할 수 있다는 말이다. 또한 관원으로 하여금 어려운 어떤 행동을 하게 하는 데는 인내가 필요하다.

25:16~17 꿀을 너무 많이 먹을 때 문제가 일어나듯이(참조, 27절; 27:7), 이웃을 너무 자주 방문하면 미움을 받게 된다. 어떤 일이라도 지나친 것은 문제를 일으킨다. '자주 ~ 말라'는 원래 '귀하게 만들라', 즉 '그것을 가치 있게 하라'는 뜻이다. 그것이 누를 끼친다면 자주 방문해서는 안 되지만, 그것이 가치 있는 경우일 때는 많이 방문해야 한다.

25:18 재판 시 이웃에 대해 거짓 증언하는 것은 **방망이처럼 부수고 칼처**

럼 나누며 화살처럼 찌르는 행동이다. 거짓말은 사람의 성품에 상처를 입힐 뿐 아니라, 무기와 같은 효력으로 사람의 생명을 파괴하기까지 한다.

25:19 이가 좋지 않고 다리를 저는 것은 먹을 때나 걸을 때 문제가 된다. 진실하지 못한 자를 의뢰하면 낙심하고 진퇴양난에 빠지게 된다. 욥이 친구에 대해 이런 근심을 표명한 바 있다(욥 6:14~15). 미덥지 않은 사람의 예로 법정에서 거짓말하는 자를 들 수 있다(잠 25:18).

25:20 낙심하고 낙담한 사람에게 노래를 부르며 으스대는 것은 추운 날씨에 그의 겉옷을 탈취하는 것과 같이 가혹한 행동이다. 그것은 또한 소다에 식초를 붓는 것과 같다. 그것은 쓸데없는 짓이며, 맹렬한 반발심을 불러일으킬 뿐이다. 무감각하고 동정심 없는 행동은 많은 해를 끼친다.

25:21~22 원수에게 친절을 베푸는 것(그에게 먹을 것과 물을 주는 것)은 그의 머리에 핀 숯을 놓는 것과 같다(바울이 로마서 12장 20절에 인용함). 가끔 자기 불이 꺼졌을 때 불을 다시 피우기 위해 불이 붙어 있는 숯을 빌려야 하는 경우가 있었다. 집으로 가져가도록 '머리 위'의 냄비에 숯을 넣어 주는 행위는 우의 있고 친절한 행위이다. 그로써 원수가 아니라 친구 관계를 맺게 된다. 음식과 물을 주는 친절함은 원수를 부끄럽게 만들고, 하나님은 자비를 베푼 자에게 복을 주신다. 복수가 아니라 동정심이 신자의 특징이다(참조, 시 24:29). 이 구절은 애굽의 속죄 제의에서 나온 것으로 보이는데, 그곳에서는 나쁜 일을 저지른 죄인이 뉘우친다는 표시로 그의 머리 위에 타는 숯불 냄비를 놓았다. 그러므로 원수에게 친절을 베푸는 행위는 그로 회개하도록 하는 것이다.

25:23 이스라엘 사람들이 북풍의 결말을 예측할 수 있었던 것처럼, 우리는 **참소하는 혀**(문자적으로 '비밀의 혀', 즉 중상하는 혀)의 결말을 예상할 수 있다. 전자는 비를 내리게 하고, 후자는 **분을 일으킨다**. 중상은 분을 일어나게 한다. 그러나 일반적으로 팔레스타인에서는 비가 북쪽에서 오지 않기 때문에 이 말씀은 팔레스타인 밖에서 기원된 것이다(Derek Kidner, *The Proverbs: An Introduction and Commentary*, p. 160).

25:24 좁은 방에서 외롭게 살더라도 평화롭게 사는 것이 넓은 집에서 심술궂고 다투기 좋아하는 **여자**와 함께 사는 것보다 낫다. 이 구절은 21장 9절(참조, 21:19)과 같다.

25:25 먼 곳에 사는 친구나 친척에게서 **좋은 기별**(참조, 15:30)을 받는 것은 지친 사람에게 시원한 물을 주는 것과 같다. 성경 시대에는 기별이 전해지는 데 시간이 많이 걸렸으므로 사랑하는 사람이나 친구를 먼 땅으로 보내 놓고는 오랜 기간 동안 기별을 학수고대했다.

25:26 자신의 명성을 떨어뜨리는 **의인**은 진흙이나 다른 오물로 더럽혀지거나 오염된 물과 같다. 깨끗한 샘이나 우물이 귀한 건조한 나라에서는 이 말씀이 더 실감나게 다가올 것이다. 샘이나 우물이 한 번 오염되면 다시는 깨끗해질 수 없으며, 물을 마시러 온 사람을 실망시킬 뿐이다. 죄를 지어 흠이 생긴 의인은 그에게 기대를 거는 사람들을 실망시킨다.

25:27 스스로를 높이려고 하는 것(자기의 영예를 구하는 것. 참조, 6절; 27:2)은 **꿀**을 과식하는 것만큼이나 나쁘다(참조, 15:16; 27:7). 두 가지

모두 문제를 일으킨다.

25:28 성벽이 없는 도시는 적의 공격에 무너지기 쉽다. 수련이 부족하며 자기를 **제어하지** 못하는 사람(14:17, 29; 16:32; 29:11) 역시 곤란을 당하기 쉽다.

26:1 이 장 가운데 열세 구절이 '~같이'를 사용하고 있다(참조, 25:3의 주해). 1, 3~12절은 미련한 자나 미련한 자들에 대해 언급한다. 여름철 눈이나 추수 시의 비는 부적당한 것이고 대단히 비정상적인 일로, 농작물에 큰 피해를 준다. 미련한 자를 **영예로운** 자리에 앉히는 것(참조 26:8)은 부적합한 일이며(참조, 19:10), 그를 모범으로 삼아 따르는 자들에게 피해를 줄 가능성이 있다.

26:2 예측할 수 없는 새의 날갯짓은 저주를 받을 만한 일을 하지 않은 사람에게 저주를 하는 것이 무력한 것임을 시사한다. 발람도 그런 무력함을 경험했다(민 23:8).

26:3 말과 나귀를 이성이 아니라 **채찍**과 **자갈**로 움직이듯이, 미련한 자는 그 지성에 대한 호소에 반응을 보이지 않기 때문에 **막대기**(체벌)로 조종할 필요가 있다(10:13; 14:3; 19:29).

26:4~5 이 두 구절은 함께 보아야 한다. 이것들은 상호 보완적이다. 그 강조점은 미련한 자의 수준으로 내려가서는 안 되지만(4절), 어떤 때는 미련한 자가 자만하게 되지 않도록 그의 수준에 맞게 미련한 말을 써서

논박해야 한다는 것이다(5절. 참조, 12, 16절). 언제 4절을 적용하며, 언제 5절을 적용할 것인지는 지혜가 필요하다. 4절은 무시할 수 있는 어리석은 비평에 관한 것이고, 5절은 고쳐야만 하는 잘못된 생각에 관한 것이라고 유대인 탈무드는 제시하고 있다. 히브리어 성경에서 4절의 주어는 2인칭 남성 단수이며, 강조의 뜻으로 쓰였다(역자 주).

26:6 미련한 자 편에 기별을 보내는 것은 쓸데없는 짓이며, 피해를 입을 가능성이 크다. 그것은 **자기의 발을 베어 버리는 것**과 같다. 즉 기별이 전달되지 않을 것이기 때문에 발송자가 발도 없이 직접 멀리 걸어가서 기별을 받아 오려는 것과 같다. **해를 받는다**(문자적으로 '강포를 마신다')는 것은 자해를 뜻하는데, 신실하지 못한 사자를 신뢰하는 것이 이에 해당되는 경우다.

26:7 미련한 자가 전하는 기별은 믿을 수 없는 것이며(6절), 그 **입의 잠언**도(참조, 9절) **저는 자**의 힘없는 다리처럼 무가치하다(참조, 25:19). 미련한 자는 잠언에 관해 알지 못하며 그것을 이해하지도, 적용하지도 못한다. 발(26:6)과 다리(7절)는 이 두 구절을 함께 묶어 주는 역할을 한다.

26:8 돌을 물매에 매는 것은 무의미하며, 오히려 해가 된다. 돌이 빠져나와 그것을 던지는 자를 상하게 만들 것이다. 명예와는 어울릴 수 없는 **미련한 자**(1절)에게 영예를 주는 것도 무의미한 일이며, 영예를 준 자의 명성 또한 손상을 입게 될 것이다.

26:9 7절에서 보았듯이 미련한 자가 말한 **잠언**은 무용지물이다. 여기에

서 그것은 술고래가 손에 든 가시나무에 비유된다. 그 의미는 다음 중 하나일 것이다. 첫째, 술고래가 위험하게 가시나무를 휘둘러서 남에게 상처를 입힐 것이다. 둘째, 그는 통증을 느끼지 못하므로 손에 가시가 있는 것도 깨닫지 못한다는 뜻으로, 미련한 자는 지혜에 대해 무감각하다는 것이다. 셋째, 술을 너무 많이 마셔서 가시를 그 손에서 뺄 수 없는 사람은 잠언을 말하기는 해도 적용할 줄 모르는 미련한 자와 같다(Robert L. Alden, *Proverbs: A Commentary on an Ancient Book of Timeless Advice*, p. 187)

26:10 미련한 자를 고용한다든지 지나가는 자 가운데 아무나 고용하는 것은 포악한 궁수(참조, 18절. 개역성경은 **장인**)가 목표물도 정하지 않고 무분별하게 화살을 쏘는 것같이 **미련한** 일이다. 아무나 고용하면 그를 고용한 사람이 해를 당한다.

26:11 개가 그 토한 것을 먹듯이(벧후 2:22에서 인용됨), 미련한 자는 경험을 통해 배우지 못한다. 그는 어떤 짓을 싫어하면서도 그 습관들을 되풀이한다.

26:12 미련한 자에 관한 일련의 진술들(1, 3~12절)은 스스로 지혜롭게 여기는 자(참조, 5, 16절)보다는 그래도 **미련한** 자가 낫다는 말씀으로 끝맺는다. 미련한 자는 자기 부족을 깨닫고 고치기를 원하기라도 하지만, 자만하거나 자기 자랑이 심한 자는 자신의 부족조차 깨닫지 못한다.

12절의 마지막 부분은 29장 20하반절에서 반복된다. 교만과 교만하게 구는 것은 잠언서에 자주 언급되는 주제다(참조, 3:34; 8:13; 11:2; 13:10; 15:25; 16:5, 18~19; 18:12; 21:4, 24; 29:23; 26:5, 12, 16).

26:13 13~16절은 게으른 자에 대해 말한다(참조, 6:6~11). 게으른 자는 사자가 어슬렁거리고 있다(22:13의 주해를 보라)는 말과 같은 기괴한 핑계를 대며 집에서 나가지 않으려고 한다.

26:14 문이 문틀에 붙어 있듯이 게으른 자는 침상에서 돌기만 할 뿐, 침상에 꽉 붙들어 매인 것처럼 군다. 그는 일어날 힘조차 쓰지 않으려고 한다.

26:15 입에 밥을 떠 넣어 주는 사람이 없어서 굶주리는 게으른 사람에 대한 묘사는 19장 24절에도 나온다(그 구절의 주해를 보라).

26:16 게으른 자는 자만하여(참조, 5, 12절) 자기가 어느 누구보다도(일곱보다) 더 영리하다고 생각한다. 그러나 그의 대답에는 명철(문자적으로 '맛')이 없다.

26:17 17~18절은 다툼(17, 20~21절)과 교만(18~19, 24~26절)과 말장난(20, 22절)과 거짓말(23, 28절)에 대해 언급한다. 개의 귀를 잡는 사람이 어찌 개에게 물리지 않겠는가? 그것은 마치 **지나가는** 사람이 자기와는 아무 관계없는 남의 **다툼에 간섭하는**(문자적으로 '흥분하는') 것과 같다. 그는 알지도 못하는 일에 뛰어들어 고생하게 된다.

26:18~19 다툼을 일으키는 사람을 묘사하기 위해 광포한 궁수가 다시 언급된다(참조, 10절). 그는 이웃을 속인 후 비난을 피하려고 농담(희롱)이었을 뿐이라고 말한다. 그것은 천박한 유머다. 그의 속임수는 죽이는

화살과 같이 이미 상처를 입혔다.

26:20~21 불과 다툼이 이 두 구절을 연결한다. 연료가 다하면 불이 꺼지듯(20절), 한담(참조, 11:13; 16:28; 18:8; 20:19; 26:22)이 없어지면 다툼이 사라진다. 반대로 숯과 나무가 불을 세게 일으키듯이, 다툼은 시비(참조, 17:1; 18:6; 20:3; 22:10; 23:29; 30:33)를 일으킨다(문자적으로 '뜨겁게 한다').

26:22 같은 문장인 18장 8절의 주해를 보라. 여기에서 남의 말 하는 것은 20~21절에 부합된다.

26:23 은을 입힌다는 것은 도자기 그릇에 유약을 멋지게 입히는 것을 말한다. 이것은 마치 뜨거운(달라크[דלק]: 태우다, 불을 켜다) 입술이나 악한 마음과 같다. 열광적인 언변으로 자기의 의도와 성격을 감추려고 하는 사람은 멋진 유약 입힌 자기 그릇과 같다. 잔과 대접의 겉이 깨끗한 것에 대한 예수님의 말씀(눅 11:39; 마 23:27)을 보라.

26:24 24~26절은 23절의 사상을 확대시키고 있다(입술, 마음[속], '말'이 23~25절을 함께 묶는 역할을 한다). 속임을 품은 사람은 속이려는 계획을 가지고 있으나 부드러운 말(입술)로 그것을 꾸민다.

26:25 이 구절은 말은 좋지만(참조, 23~24절) 그 마음(참조, 23~24절)이 일곱 가지(즉 많은. 참조, 16절의 '일곱') 가증한 것(참조, 6:16~19)으로 가득 차 있는 악의에 찬 사람의 기만성에 대해 경고한다.

26:26 속임(시나[שִׂנְאָה])은 10장 12절에서 '미움', 18절에서 '미워함', 15장 17절에서 '미워하는 것'으로 번역되었다(동사 **사네**[שָׂנֵא]는 26장 28절에서 '미워하다'로 번역됨). 악인이 속임수를 써서 그 감정을 감출 수 있을지 몰라도, 결국에는 드러나기 마련이다. **회중**은 어떤 목적을 위해 함께 부름받은 집단을 말한다. 아마 이 집단은 재판을 위해 모였을 것이다.

26:27 자기 죄에 의한 파멸이 이 구절과 시편 7편 15절, 9편 15절, 35편 8절, 57편 6절의 주제다. 이 구절이 23~26절과 연결되는 것이라면, 그 요지는 남을 속이거나 파멸시키려는 의도가 결국 음모자에게 돌아온다(참조, 1:18~19; 28:10)는 것이다. 잠언서는 여러 번 죄의 부메랑 효과에 대해 확언한다.

26:28 거짓말하는 사람들은 실제로 미움으로 가득 차 있다(26절의 '속임'에 관한 주해를 보라). 그들은 명예를 손상시킴으로써 남을 해하려고 한다. 이기적인 속임수의 결과를 얻으려고 아첨하는 사람들은(참조, 23~26절) 자신들에게, 또는 그들의 희생자들에게, 그렇지 않으면 모두에게 **패망**을 가져다준다.

27:1 27장에서 열여섯 구절이 인간관계에 관한 것(2~6, 9~11, 13~18, 21~22절)이다. 내일의 불확실성에 대한 경고는 야고보서 4장 13~16절에서 반복된다. **자랑**으로 번역된 히브리어는 2, 21절에서 '칭찬'으로 번역되었다. 우리는 내일 할 일을 자랑하지 말아야 하는데, 그것은 무슨 일이 있을지 진정 모르기 때문이다.

27:2 자기 칭찬은 교만의 증거이므로 옳지 못한 것이다. 우리는 앞으로 할 일에 대한 자랑을 삼가야 할 뿐 아니라(1절), 이미 행한 일에 대한 자랑도 자제해야 한다.

27:3 3~6절은 다양한 인간관계에 대해 논의한다. 미련한 자의 분노는 실로 무거운 것이다. 사실 그것은 큰 돌보다 더 무겁고 모래보다 더 짐스럽다. 그러므로 지혜로운 사람은 미련한 자의 말과 행동이 아무리 짜증 나게 하는 것일지라도 대항해서는 안 된다.

27:4 화가 나고 분을 품게 되면 남에게 잔인하게 대할 수도 있다. 그의 말과 행동은 남들로 두려워 움츠리게 만든다. 그러나 질투는 6장 32~35절에 설명된 것처럼 **분노**와 무자비한 복수가 들어 있으므로 더욱 나쁜 것이다. "투기 앞에야 누가 서리요"는 잠언서에는 드물게 나오는 수사의문문이다.

27:5 진실로 사랑하는 사람은 그 친구의 잘못을 지적하고 고쳐 주는 것을 두려워하지 않을 것이다. 꾸짖음(1:23의 주해를 보라)은 **숨은**(문자적으로 '닫힌, 철회된') **사랑**보다 바람직하다. 다시 말해 잘못을 고쳐 주는 것이 사랑하고 있다는 증거이며, 그렇지 않은 경우는 사랑이 없다는 것으로밖에 볼 수 없다. 이 구절은 잠언서에서 19번 나오는 '~이 ~보다 낫다'라는 형식이 사용된 구절이다(12:9의 주해를 보라).

27:6 원수(문자적으로 '미워하는 자')는 그의 잦은 **입맞춤**으로 말미암아 친구처럼 보일 것이고, 진정한 친구(문자적으로 '사랑하는 자')는 그가

입히는 **통책**(아마 꾸짖음이나 책망에서 비롯된 마음의 상처. 5절을 보라) 때문에 원수로 생각될 것이다. 그러나 책망이 더 진실한 우정의 표현이다.

27:7 평소에는 욕심을 내었을 **꿀**이라도, 음식을 배불리 먹은 자에게는 더 이상 먹고 싶은 대상이 안 된다. 반대로 굶주린 자에게는 **쓴 것도** 달게 느껴진다. 이 구절은 물질적 소유에 대한 사람의 태도는 그가 얼마나 많은 것을 소유하고 있는가 하는 것에 영향을 받는다는 것을 가르쳐 주고 있다. 많이 가진 사람들은 적게 가진 사람들만큼 선물을 귀하게 여기지 않는다.

27:8 이 구절은 가정에 대한 책임과 안위를 회피하는 사람에 대해 말하는 것으로 보인다. 너무 빨리 가정을 떠나는 젊은 사람은 그 둥지를 너무 일찍, 또는 너무 멀리 떠나 방황하는 새가 곤궁을 당하는 것처럼 자기 앞가림도 할 수 없음을 알게 된다(예, 방탕한 아들, 눅 15:11~32).

27:9 친구의 **충성된** 권고는 기름과 향에서 발산되는 향기같이 달콤하고 즐거운 것이다. 진정한 충고는 관심이 있다는 표시이다.

27:10 이 잠언은 가족 간의 연대를 모욕하는 것이라기보다는 오랜 우정을 칭송하려는 것이다. 보통 역경을 당할 때 형제(친척)가 도움이 된다(17:17). 그러나 형제가 대단히 먼 곳에 산다면 **이웃**이 더 도움이 된다(참조, 18:24).

27:11 이 구절은 25~29장에서 '내 아들'(1:8의 주해를 보라)이라는 표현이 있는 유일한 구절이다. 잠언서는 또다시 지혜로운 아들이 그 아버지를 기쁘게 한다는 사실을 강조한다(참조, 10:1; 15:20; 23:15, 24; 29:3). 사실 지혜로운 아들을 가지고 있다는 것은 변변치 못한 부모라고 그를 질타하는 사람들의 비난에 당당하게 대답할 수 있다는 것을 뜻한다. 아들이 지혜로운 삶을 살아간다면 그것은 좋은 가정교육을 받았다는 증거가 되기 때문이다.

27:12 이 구절은 22장 3절(주해를 보라)과 거의 같다.

27:13 이 잠언은 20장 16절(참조, 6:1~5의 주해)의 잠언과 같다.

27:14 이웃을 축복하는 것(즉 칭송하거나 칭찬하는 것)이 좋은 일이나 이른 아침에는 삼가야 한다. 이른 시간을 고려해야 하고, 잠자고 있는 사람들이 깰 수도 있다는 사실을 생각해야 한다. 옳은 행위라도 적절한 때가 아니면 저주로 받아들여진다.

27:15~16 떨어지는 물은 다투는 아내의 짜증나는 성품을 묘사한 것이다(참조, 19:13의 주해). 비 오는 날에 떨어지는 물과 같이 그런 여자는 괴롭히고 다투기를 멈추지 않는다. 그 여자를 제어하려는 것은 **바람을** 제어하려는 것같이 불가능하다. 다투기를 좋아하는 그 여자의 본성을 억지로 누르려 하는 것도 **기름을** 손으로 쥐려는 것처럼 불가능하다. 그 여자는 불안정하고 통제되지 않기 때문이다.

27:17 철을 다른 철 조각에 문지름으로써 그 모양을 만들고 날카롭게 한다. 마찬가지로 사람들도 서로 토론하고 비평하며 제안하고 생각을 나눔으로써 발전을 가져올 수 있다. 그들이 좋든지 나쁘든지, 한 사람의 삶에 미치는 동료들의 영향에 대해 13장 20절, 22장 24~25절을 보라. 그러나 바가지 긁는 아내(27:15)는 남편을 자극하여 분노를 일으키게 한다.

27:18 좋은 무화과를 수확하려면 거름을 주고 잘 경작해야 하며(참조, 12:11; 28:19) 종이 영화를 얻으려면 그 주인의 요구사항에 응해야 한다. 즉 자기 일에 열심을 내면 만족할 만한 결과를 얻게 되는 것이다.

27:19 이 구절의 히브리 문장은 불분명하다. 이 구절을 문자적으로 읽으면, "물처럼 얼굴은 얼굴에 대해, 그리하여 사람의 마음은 사람에게"이다. 물이 거울처럼 사람의 얼굴을 비추듯이, 사람의 마음은 그가 진정 어떤 사람인지를 나타낸다. 또는 물에 얼굴이 비취듯이 (말로 표현되는) 생각에 그의 인품이 들어 있다.

27:20 무덤(스올과 아비돈에 대해서는 15장 11절의 주해를 보라)이 식욕을 가진 것으로 인격화된다. 외관상 그것은 살아 있는 또 다른 사람이 죽기를 원하는 것 같다. 마찬가지로 **사람의 눈도** 결코 **만족함이 없다**. 사람이란 계속 새로운 것을 보고 싶어 하며(참조, 전 1:8) 새로운 것들을 소유하고 싶어 한다.

27:21 열로 은(참조, 25:4)과 금을 정련하고, 금속의 정체를 알아보기도 한다(이 구절의 상반절은 17장 3절과 같다). 마찬가지로 사람을 칭찬하

여 그 반응을 봄으로써 그가 어떤 사람인지를 알 수 있다. 그것을 흡족한 것으로 생각하는 사람은 거만한 사람으로, 자신이 그렇다고 알고 있다는 사실을 보여 주는 것이다. 그러나 칭찬을 정도에 넘치지 않게 받아들인다면 그가 겸손한 사람임을 드러내는 것이다.

27:22 미련한 자(에윌[אֱוִיל]: 거만한 자, 우둔한 자. 1:7의 주해를 보라)와 그의 미련함은 불가분의 것으로, 절구에 곡물을 찧는 것같이 반복해서 벌을 받아도 여전히 미련한 자로 남아 있다.

27:23~27 이 다섯 구절은 농경사회의 생활에 관한 소논문이다. 이 다섯 구절은 게으름의 결과를 논의할 때 나왔었다(24:30~34). 농부는 그의 양 떼와 소 떼가 다른 어떤 것들보다 나은 투자이기 때문에 그것들을 돌보아야 한다. 양 떼와 소 떼는 번식을 통해 수가 늘어나지만, 재물은 씀으로써 없어지는 것이다(참조, 23:5). 왕이 되는(면류관을 가지는) 일도 계속될 수는 없는 일이다. 꼴(건초)과 풀은 가축의 음식이 되는데, 짐승들은 차례로 주인의 가족과 종들을 위해 옷(양털)과 돈(염소를 판)과 젖과 식물을 공급한다. 자원을 돌보는 것과 열심히 일하며 자연을 통한 하나님의 섭리를 깨닫는 것이 중요하다.

28:1 10~15장처럼 28~29장도 둘째 행이 첫째 행과 대조되는 많은 반어적 구절들로 이루어져 있다. 28장에서 18번(1~2, 4~5, 7, 10~14, 16, 18~20, 25~28절), 29장에서 12번(3~4, 6~8, 11, 15~16, 18, 23, 25~26) 대조 구절이 나온다. 이 두 장에는 지배자, 왕, 권력가들이 자주 언급된다(28:2~3, 12, 15~16, 28; 29:2, 4, 12, 14, 26). 잠언서에는 율

법에 관한 언급이 6번 나오는데, 그중 5번이 이 두 장에 있다(28:4[두번], 7, 9; 29:18. 참조, 31:5). 그 외 자주 나오는 주제는 빈곤과 가난한 사람 (28:3, 6, 8, 11, 19, 22, 27; 29:7, 13~14), 악인(28:1, 4, 12, 15, 28[두번]; 29:2, 7, 12, 16, 27)과 의인(28:1, 12, 28; 29:2, 6~7, 16, 27)에 관한 것이다.

범죄한 악인들은 그 양심 때문에 추적자가 있는 양 달아나게 된다 (28:1). 그들은 자신들의 행위가 나쁜 것임을 알고 있기 때문에 법 집행자가 뒤를 쫓고 있다고 의심한다. 대조적으로 의인들은 젊은 사자같이 담대하다(즉 자기 확신에 차 있다. 참조, 31:11의 '믿나니'). 하나님이 그들을 담대하게 하실 것이다. 그들에게는 악행으로 인한 보복의 두려움이 없다.

28:2 나라의 불안과 반역은 지도자의 교체를 일으킨다. 그 예로, 북 왕국은 아홉 왕조 스무 명의 왕이 다스렸다. 그러나 나라의 질서는 통치에 대한 통찰력과 지식을 갖춘 훌륭한 통치자들에 의해 유지된다.

28:3 가난한 사람(게베르 라쉬[גֶּבֶר רָשׁ]: 궁핍하고 배곯는 사람. 참조, 6, 27절)이 가난한 자(달[דַּל]: 연약하고 의지할 곳 없는 사람. 10:15의 주해를 보라)를 학대하는 것은 친구가 될 수 있는 같은 처지의 사람을 대적하는 짓이다. 그러한 가혹성과 정의의 왜곡은 곡식에 도움이 되기보다는 파괴시켜 버리는 폭우와 같다.

28:4 가난한 자를 억압하는 것(3절)은 모세의 율법을 저버리는 한 예다 (참조, 7, 9절의 '율법'). 하나님의 계명에 순종하기를 거절하는 자들은 항상 악인들을 칭찬하기 시작하며 그들 편이 된다. 그러나 율법을 지키는

자(참조, 7절)는 율법을 파괴하는 악인들을 대적하며 정의를 세우려고 한다(참조, 18:5; 24:25).

28:5 사람이 율법과 주님께 불순종할 때, 정직성과 도덕성이 왜곡된다. 그런 사람은 정의를 깨닫지 못하게 된다. 그러나 여호와를 찾는 의인들은 정의에 대해 민감하다.

28:6 19장 1절에서 '입술이 패역하다'고 한 것과 이 구절에서 '부유하면서 굽게(이케쉬[שׁקע]: 구부러진. 2:15의 주해를 보라) 행한다'고 말한 것 외에는 이 구절과 19장 1절이 거의 같다. 아마 이 구절은 굽게 행하는 부자는 미련한 사람임을 제시하는 것으로 보인다. 가난(라쉬[שׁר]: 궁핍한. 참조, 28:3, 27)해도 정직한(성실한, 도덕적으로 완전한. 참조, 2:7, 21; 11:5; 28:10, 18) 사람이 부해도 악한 사람보다 낫다. 이 구절은 잠언서에 나오는 19번의 '~이 ~보다 낫다'는 형식 중 마지막 것이다(12:9의 주해를 보라).

28:7 율법에 순종하는(참조, 4절) 아들은 지혜롭다. 즉 그에게는 통찰력이 있다. '지혜로운'에 해당하는 히브리 단어는 메빈(מבין)으로, 2절에서 '명철'로 번역되었다. 탐식자와 사귀는 것은 미련한 일이며 통찰력이 없음을 보여 주는 것이다. 왜냐하면 음식을 탐하면 술 취함, 게으름, 그리고 역설적으로 궁핍의 길로 들어서게 되기 때문이다(참조, 23:20~21). 게다가 탐식하는 아들은 그 아버지를 욕되게 한다. 뒤집어 말하자면, 지혜로운 아들(28:7상)은 그 아버지를 기쁘게 한다.

28:8 터무니없는 이자를 받아 부자가 된 사람은 결국 재산을 잃게 될 것이며, 그 재산은 **가난한**(달[הַל]: 연약하고 의지할 곳 없는. 참조, 3, 11절; 10:15의 주해를 보라) 사람들에게 분배될 것이다. 결국에는 정의가 불의를 압도한다.

28:9 하나님의 **율법**에 불순종하면(참조, 4, 7절) 손해가 막심하다. 그런 사람의 기도는 위선적이다. 그러므로 하나님이 미워하시는 기도는 응답되지 않는다(참조, 15:8; 시 66:18; 사 59:2). 여호와께서는 그분을 청종하지 않는 자의 기도를 듣지 않으신다.

28:10 의인으로 죄를 짓게 하는 자는 자신의 꾀에 걸려들 것이다(참조, 1:18; 26:27). 반대로 **성실한 자**(참조, 28:6, 18)는 부하게 될 것이다. 남을 그릇된 길로 가게 하는 악인은 갑자기 덫에 걸려 죽게 될 것이나, 의인은 장수하며 부모의 유산을 상속받게 될 것이다.

28:11 부자와 **가난한**(달[הַל]: 연약한, 의지할 곳 없는. 10:15의 주해를 보라) 자가 다시 대조된다(참조, 6절). 가난하지만 명철한 사람은 모든 것을 안다고 생각하는(**자기를 지혜롭게 여기는**. 참조, 26:5, 12, 16) 거만한 부자의 우쭐대는 표정을 간파할 수 있다. 부자라고 지혜를 가지는 것은 아니다. **명철**(분별력)은 28장 2절에도 나오며, 7절에는 '지혜로운'으로 번역되었다.

28:12 1절과 28절처럼 의인과 악인이 대조된다. **의로운** 지도자가 나라를 다스리면 질서(참조, 2절)와 공평이 있으므로 백성은 행복을 누리게 된다

(참조, 11:10). 그러나 악한 지도자가 나라를 다스리면 백성은 신음케 하는(29:2) 억압(참조, 15~16절)을 피해 **숨는다**(28상반절에 언급된 것처럼).

28:13 죄지은 사람은 그 사실을 하나님과 사람 앞에서 숨기려고(17장 9절에서 '덮어 주다'로 번역됨) 할 것이다. 그러나 죄는 숨길 수 없는 것이다. 이것은 솔로몬의 아버지 다윗이 경험한 바다(시 32:3~4). 죄는 고백하고 버려야 하는 것이다. 다윗에게서 보듯이 고백한 자는 하나님의 **자비**와 용서를 경험하게 된다(시 34:5; 51:1~12).

28:14 '경외하는'으로 번역된 히브리어는 **파하드**(פָּחַד)로, 1장 33절과 3장 24~25절에서 '두려워하다'라고 번역되었다. 1장 7절과 3장 7절의 '경외하다'는 야레(יָרֵא)로, '존경하다'를 뜻한다. 그러므로 이 구절의 '경외하는'은 아마 죄의 결과로 인한 무서움이나 두려움을 뜻할 것이다(참조, 13절). 그런 두려움을 소유한 사람은 행복하며(복되거니와. 참조, 시 1:1), 그 마음을 완악하게 하지도, 재앙에 빠지지도 않을 것이다(참조, 잠 29:1).

28:15~16 악인이 권력자로 떠오르게 되는 일의 위험이 12절에도 소개되었는데, 여기서는 더 확장된다. 사악한 통치자는 **사자**(19:12; 20:2)나 곰처럼 잔인하고 파괴적이다. 가난한 백성은 연약한(달[דַּל]. 이 단어는 28장 3, 8, 11절처럼 자주 '가난한'으로 번역됨) 자들이다. 학정을 행하는 치리자는 판단력이 없으며 **무지하다**(6:32; 10:13의 주해를 보라). 반대로 개인적 **탐욕**(참조, 1:19; 10:2의 '불의의 재물')을 위해 권세를 남용하지 않는 사람은 **장수**의 복을 누릴 것이다. 달리 말하면 폭정을 행하는 지도자는 오래 살지 못할 것이다.

28:17 살인자의 범죄한 양심은 그 자신을 괴롭히며, 고통을 주고, 멸망으로 치닫게 한다. 그가 달아날 수 있는 곳이란 죽음밖에 없다. 그런 자를 위로하거나 구출하려는 것은 주제 넘는 일이다. 범죄를 돕는 것은 옳지 못하다. 그러나 무죄한 자를 구출하는 일은 장려되고 있다(24:11~12).

28:18 성실하게 행하는(흠 없는. 6절의 주해를 보라) 삶은 구원을 가져다 주지만(참조, 1:33; 3:23; 18:10; 28:26) 굽은 길로 행하는('구부러진'을 뜻하는 아카쉬[עִקֵּשׁ]. 참조, 6절; 2:15의 형용사 이케쉬[עִקֵּשׁ]) 사람은 갑자기 넘어질 것이다. 비슷한 진술이 10장 9절, 28장 10절에도 나와 있다.

28:19 이 구절은 12장 11절과 거의 동일하다(주해를 보라). 열심히 일하는 농부는 먹을 것이 많다(참조, 27:18). 대조적으로 환상을 좇는 태만한 자들은 일을 하지 않아서 궁핍해져 식량이 없어진다(참조, 14:23).

28:20 복을 받아 부자가 되는 방법은 성실(충성)히 행하는 것이지, 급히 부자가 되려는 꾀를 쓰는 것이 아니다. 부하고자 하는 욕망 때문에 정도가 아니라 부정직한 방법을 사용함으로써(참조, 13:11; 20:21) 결국에는 벌을 받거나 가난하게 되고 마는(참조, 28:22) 경우가 왕왕 있다. **형벌을 면하지 못하는** 또 다른 종류의 사람들이 6장 29절, 11장 21절, 16장 5절, 17장 5절, 19장 5, 9절에 언급되어 있다.

28:21 편견을 보이는 것(참조, 18:5; 24:23)은 좋지 않다. 이 구절은 잠언서에서 '~은 좋지 않다'라는 표현을 사용한 여섯 구절(17:26; 18:5;

19:2; 24:23; 25:27; 28:21) 중 마지막 것이다. 판결 시에 어떤 재판관들은 떡 한 조각 같은 작은 뇌물이라도 건네주는 자들의 편을 든다. 뇌물 공여가 공공연히 비난받아야 할 곳에서 그렇게 쉽게 정의가 구부러질 수 있다는 사실은 역설적이다(6:35의 주해를 보라).

28:22 악한 눈을 가졌다는 것은 인색하다는 뜻이다(23:6의 주해를 보라). 역설적이게도 욕심을 잔뜩 부려 급히 부자가 되려는 사람은(참조, 28:20) 자신의 목표와는 반대로 빈궁이란 종착역에 이르게 된다(참조, 11:24하).

28:23 꼭 필요한 책망을 하는 것이 그냥 지나쳐 버리거나 아첨을 하는 것보다 어려운 일이다(참조, 29:5; 1:23의 주해를 보라). **사랑**에 대해서는 8장 35절의 주해를 보라.

28:24 부모의 것을 도둑질하고서도 아무 가책도 받지 않고, 그것이 나쁜 짓이 아니라고 하는 아들은(참조, 19:26) 파괴자와 같다. 부모를 망신시킨다면 그 사람은 **멸망** 받게 하는 사람이다. 즉 그는 부모의 명성과 평화로운 마음을 파괴한 자이다.

28:25 '욕심이 많은'은 문자적으로 '영혼이 큰'이며, 물질에 대해 무절제하며 탐욕적인 것을 말한다. 탐심이란 이기적인 것이므로 불화와 **다툼**을 일으킨다. 탐심은 패역(6:14), 미움(10:12), 분(15:18), 패려(16:28), 노(29:22)와 동류이다. 탐심으로 부를 얻으려는 자가 아니라 **여호와**를 의지하는 자가 **풍족하게 된다**(참조, 11:25).

28:26 여호와를 의지하는 사람이 있는 반면(25절), 자기 자신을 믿는 자도 있다(참조, 14:12). 그는 **미련한**(크씰[כסיל]: 어리석고 우둔한. 1:7의 주해를 보라) 자다. 자신을 의지하지 않는 지혜로운 자가 **구원**을 얻는다(참조, 3:5~6; 28:18; 29:25).

28:27 가난한(라쉬[רש]: 빈곤하고 배고픈. 참조, 3, 6절; 29:7) 자에게 자비롭게 행하고 구제한다고 부족하게 되지는 않는다. 그 반대로 그에게는 **궁핍**이 없게 된다. 자비를 베푸는 일에는 대가가 따라온다(참조, 11:24~25; 14:21하, 31하; 19:17; 21:26; 22:9; 신 15:10). 그러나 가난한 자들의 궁핍을 외면해 버리는 사람은 그들로부터 **저주**를 받는다(잠 11:24하; 26상).

28:28 이 구절의 상반절은 12하반절과 같다. 이 구절의 하반절에는 다른 사상이 첨가되어 있다. 악인들이 멸망하면(참조, 11:10) 의인들은 숨어 있을 필요가 없어 **많아진다**(참조, 29:2).

29:1 목이 곧은 사람, 즉 반복적인 훈계(잦은 책망. 1:30의 주해를 보라)에도 돌아서거나 복종하기를 거절하는 자는 **갑자기 패망**을 당하고(참조, 1:27; 6:15; 10:25상; 28:18) 죽게 될 것이다. 더 이상 구제받을 수 없을 것이다.

29:2 의로운 지도자들이 나라를 다스릴(문자적으로 '많아질.' 참조, 28:28) 때, 백성은 보다 안전해지고 번영을 누리게 되어서 기뻐한다. 그러나 악한 지도자들이 통치하면, 그 가혹한 억압 밑에서 백성은 탄식하게

된다(참조, 28:12, 15; 29:16).

29:3 지혜로운 아들을 가진 아버지의 즐거움과 창기와 사귀는 아들에 의해 탕진되는 아버지의 **재물**이 대조된다. 2장 12, 16절, 5장 1~3, 7~11절에 의하면, 지혜는 간음으로부터 사람을 지켜 준다.

29:4 정의는 나라에 견고함과 기쁨을 가져오지만(참조, 2, 7, 14절; 14:34; 16:12; 20:8, 26; 21:15; 28:12), 탐욕적인 지도자는 나라의 **멸망**을 가져온다. '뇌물을 억지로 내게 하는 자'는 문자적으로 '재물 또는 기부금의 사람'이다. '뇌물'의 히브리 단어는 성물(聖物)을 언급할 때 쓰인다. 여기서는 세금을 말하는 것으로 보인다. 르호보암은 이 잠언의 좋은 예로(왕상 12:1~9), 그는 아버지 솔로몬에게서 이 잠언을 들었을 것이다.

29:5 아첨은 문자적으로 '(누구를) 부드럽게 만들다'이다. 2장 16절과 7장 5절에서는 '호리는'으로 번역되었다. 이 구절의 '아첨'은 남을 해치려는 의도로 하는 것이므로 부드러운 말로 속이는 말이다. 그러나 아첨꾼은 그것 때문에 고통을 받는다(참조, 26:28). 그가 남을 잡으려고 쳐 놓은 그물에 자신이 걸리게 된다(참조, 29:6; 1:18; 28:10).

29:6 악한 사람은 자기 올무에 걸리나(참조, 5절의 주해), 의인들은 행복하고 근심이나 걱정이 없는 삶을 살아간다. 그들은 행위의 결과를 받으므로 염려할 필요가 없다.

29:7 의인들은 가난한(참조, 14절; 10:15의 주해) 자를 억압하는 것이

아니라 오히려 그들의 **사정**을 돌아보기 원한다. 그러나 악인들은 가난한 자들이 정당한 대우를 받든지 못 받든지 신경을 쓰지 않는다. 하나님과의 관계가 어떠한가 하는 것은 궁핍한 자를 대하는 태도에서 드러난다.

29:8 8~11절은 분을 내는 미련한 자와 정직하고 지혜로운 자를 대조한다. 거만한 자(참조, 1:22)는 도덕적인 절제를 비웃으며 **요란하게**(문자적으로 '불씨에 바람을 불어넣다') 한다. 이들은 모든 일에 요란 법석을 떨게 만든다. 다툼을 일으키는 이런 자들은 남을 화나게 하며 자극하여 반역을 일으키게 한다(참조, 29:11, 22의 '노'). 그러나 지혜로운 자들은 노와 반역의 뒷일을 잘 처리하여 **성읍**을 평온하게 한다.

29:9 '의인'이 6절과 7절을 묶는다면, 여기서는 '지혜로운'(슬기로운)이 8절과 9절을 연결해 준다. 미련한 자와는 재판할 생각을 말아야 한다. 왜냐하면 그가 화가 나서(참조, 29:11) 폭언(격노와 비웃음)을 할 때 감정적으로 나오기 때문이다(참조, 27:3).

29:10 정직한 사람들은 미련한 자들에 의해 미움을 받는데, 미련한 자들은 재판에서 정직한 자들이 증언을 하지 못하도록 그들을 죽이기를 좋아한다. 온전은 때때로 '성실'로 번역된다(예, 28:6, 10, 18).

29:11 어리석은(1:7의 주해를 보라) 자는 쉽게 **노**를 내지만(참조, 15:1; 29:8, 22), 지혜로운 자는 절제하여 참는다(참조, 14:29; 16:32). '억제하느니라'는 문자적으로 폭풍을 잔잔케 하는 것같이 '진정시키다'라는 뜻이다. 이 동사는 이 구절 외에 시편 65편 7절, 89편 9절에만 나오는데, 바다

의 파도를 잠잠하게 하는 것을 언급하는 말씀이다.

29:12 관원이 거짓 충고를 받아들인다면, 그것은 주위의 사람으로 악을 행하도록 조장하는 것이다. 그러나 그가 정직한 자에게 상을 준다면, 정직이 권장될 것이며, 거짓이 발붙이지 못하게 될 것이다(20:8, 28).

29:13 가난한(라쉬[שׁרֹ]: 빈곤하고 굶주린. 참조, 28:3, 6, 27) **자와 포학한 자**는 품행에 있어서 반대이다. 가난한 희생자들이나 그들을 박해하는 자들에게 동일한 것은 **여호와께서 주시는 빛**이다(참조, 22:2; 14:31; 17:5의 '지으신 이'). 그들은 서로를 볼 수 있다.

29:14 자기 앞가림조차 할 수 없는 **가난한 자**(달[דל]: 연약하고 의지할 곳 없는 자. 10:15의 주해를 보라)를 **신원**(伸冤. 참조, 7절)하는 자는 좋은 왕(참조, 4절)으로서, 그의 위(位)는 견고하다(참조, 16:12; 20:28). 가난한 자를 보살피는 통치자는 하나님께 복을 받으며 백성에게 호평을 받는다.

29:15 '**채찍과 꾸지람**'은 문자적으로 '채찍과 교정'인데, 중언법(重言法)으로 보아 채찍을 교정의 도구로 볼 수도 있고(채찍, 즉 교정), 채찍(체벌. 참조, 13:24; 22:15; 23:13~14)으로 때리면서 꾸짖기도 하는 것으로 볼 수도 있다. 훈계 없이 임의로 키운(제 좋은 대로 하게 내버려둔) **자식**은 제 멋대로 구는 사람이 되고 만다. 그런 자는 그 어머니를 욕되게 한다(부끄럽게 만든다. 참조, 19:26; 28:7).

29:16 악한 지도자들이 나라를 다스리면(2절의 '많아지면'에 관한 주

해를 보라) 죄가 조장된다. 그러나 잠언서에 여러 번 언급된 대로, 악인은 결국 넘어지고 의인은 살아서 그것을 보고 기뻐하게 될 것이다(참조, 28:12, 28).

29:17 징계로 키운 아들은 나중에 부모에게 평안과 기쁨을 가져다준다. 왜냐하면 이들이 지혜롭게 행하며 자랄 것이기 때문이다(참조, 10:1). 동사 '징계하다'(야싸르[יָסַר])는 명사 '훈계'(무싸르[מוּסָר]. 이 단어가 1:2에서는 '품행의 훈련과 교정'을 뜻함)와 연관된다.

29:18 묵시(하존[חָזוֹן])는 예언자들이 하나님께로부터 받는 것이다. '방자히'(파라[פָּרַע])는 도무지 신중하지 않은 것을 말한다. 그러므로 이 구절은 하나님의 말씀이 없으면 사람들이 죄에 맡겨진 삶을 살게 되고, 하나님의 **율법**(참조, 28:4, 7)을 지키면(순종하면) 행복하게 된다는 것이다.

29:19 이 구절은 21절과 짝을 이루는데, 징계는 자식뿐 아니라 종에게도 필요한 것이다. **말로는** 충분치 못할 때가 가끔 있다. 종이 어떤 말을 알아들으면서도 그대로 행하기를 완강히 거부할 경우가 있다. 그렇다면 다른 방도가 필요하다.

29:20 성급히 말하는 사람은 생각하지 않고 무심코 소견을 내뱉고(참조, 15:2, 28의 '쏟다'), 어떤 때는 듣기도 전에 말해 버리므로(18:13) 미련한 자다. 실로 미련한 자보다 더한 사람이다. 성급히 말하는 것과 자만한 것 두 가지는 미련한 것보다 더 구제불능이다(참조, 26:12). 이런 사람은 자신에게는 물론 남에게까지 낭패를 끼친다(참조, 17:19~20; 18:6~7).

29:21 종이 제멋대로 굴지 않도록 징계를 할 필요가 있음을 또다시 다룬다(참조, 19절). 종을 징계하지 않고 책임을 따지지 않으면 결국 그 주인이 나중에 곤란을 겪게 된다. '자식인 체하다'로 번역된 히브리어는 **마논**(מָנוֹן)인데 구약성경에 한 번만 나오는 단어이므로 정확한 뜻은 알 수 없다(역자 주).

29:22 경솔한 성질의 결과를 말함으로써 자기절제를 잃지 말아야 함을 경고한다. **노하며 성내는**(문자적으로 '진노를 소유한.' 22:24의 주해를 보라) 사람은 다툼을 일으키며(참조, 26:21; 30:33) **범죄함이 많다**. 저주나 모욕, 하나님의 이름을 망령되이 일컬음, 무례히 행함, 무자비, 잔인함, 억압, 교만 등의 죄를 범하게 된다.

29:23 교만과 겸손이 낳는 반대의 결과를 대조함으로써 전자에 대해 경고하며 후자를 권장한다. 역설적이게도 자신을 높이려고 교만히 구는 사람은 **낮아지게 되고**(샤팔[שָׁפֵל]), **겸손한**(샤팔[שָׁפֵל]) 마음을 가진 사람은 **영예를 얻게 된다**(참조, 3:34; 15:33; 16:18~19; 18:12). 하나님은 교만을 미워하신다(6:17의 주해를 보라). 이는 교만이 사람으로 하나님을 떠나 살게 하기 때문이다.

29:24 도둑과 짝하는 자는 범죄에 연루되어 자신을 해롭게 하므로 **자기 자신을 미워하는 자**다. 법정에서 맹세할 때 그는 거짓말을 하거나 입을 다물고 있을 수밖에 없다. 사실을 증언하면 자신도 연루되었음을 드러내는 것이 되고, 입을 닫고 있으면 유죄로 추정될 것이다(레 5:1).

29:25 사람을 두려워하면(1장 7절, 8장 13절, 9장 10절에서 하나님을 경외하는 것을 나타낼 때 사용한 것과는 다른 단어로, '벌벌 떨다'는 의미) 무서워하는 사람에 의해 그 행동이 조정되고 통제된다는 뜻에서 그는 올무에 걸리게 된다. 여호와를 의지함이 훨씬 낫다. 그것이 안전하기 때문이다(참조, 18:10; 28:26). '안전하다'는 '도달하기 어려울 정도로 높거나 높여진'(사가브[בגׂש])라는 뜻이다. 여호와 안에서 누리는 안전은 사람으로 말미암는 위협을 제거한다.

29:26 사람들은 **주권자와 만나**(참조, 19:6) 그의 환심을 사거나 영향력을 미치려고 하거나 공정한 판결을 얻으려 한다. 그러나 정의가 실현된 것이라는 어떤 보증도 얻지 못한다. 심지어는 그 주권자가 '올무임이 드러날 수도 있다'(29:25). 참된 정의는 여호와께로부터 나온다. 그분은 마침내 모든 일을 바르게 만드신다. 그러므로 사람을 두려워하는 것보다 하나님을 신뢰하는 것이 더 중요하다.

29:27 의인과 악인 간에 존재하는 반목이 생생한 문구로 묘사되어 있다. 이 구절의 두 행에 모두 사용된 '미움'은 '밉살맞게 여기다, 몹시 싫어하다'로 번역될 수 있는 강변화 동사를 번역한 것이다. 이 단어는 아이를 제물로 바치는 우상숭배(신 12:31)와 혐오스럽고 불결한 행위들에 대한 하나님의 태도를 나타내는 데 사용된다. 의인은 정직하기를 매우 힘쓰며, 마치 하나님이 그러하시듯 부정직을 미워한다. 악인들이 정직한 자들을 혐오하는 것에서 악인들의 뒤집혀 버린 가치관을 볼 수 있다. 물론 잠언서 모두가 의인과 악인을 대조시키지만, 여기서는 양자가 대립됨을 더욱 강하게 보여 준다.

Ⅵ. 아굴의 잠언(30장)

A. 서언(30:1)

30:1 아굴이 어떤 사람인지는 알 수 없다. 그는 겸손하며(2~4절), 관찰력이 뛰어나고, 배우기 위해 깊이 연구하는(3~33절) 성품의 소유자로 생각된다. 잠언은 마사(משׂא)의 번역으로, 중요한 메시지를 뜻한다(슥 9:1의 주해를 보라). 아굴의 잠언은 이디엘과 우갈에게 주어진 것인데, 그들 역시 어떤 사람인지 알 수 없다.

B. 하나님에 관한 지식(30:2~9)

1. 사람은 하나님을 알지 못함(30:2~4)

30:2~3 아굴은 풍자적 표현을 사용해서 자신이 사람 중에서 가장 무지한 자라고 자처한다. 그렇다면 아굴은 거만하게 지혜를 주장하는 누군가와 자신을 대조하면서 그에게 도덕적으로 질문하고 있는 것으로 볼 수 있다(4절). 그렇지 않다면 2절의 진술은 4절의 반성에 대한 그의 솔직한 대답일 것이다. '짐승'은 히브리어 바아르(בּעַר)의 번역으로, 짐승같이 '야만적이고 우둔한'이라는 뜻이다(참조, 시 73:22; 잠 12:1의 '짐승'). 2절의

둘째 행에서 아굴은 자신에게 사람의 총명도 없다고 썼다. 아굴은 무한한 하나님(거룩하신 자. 참조, 9:10)을 모르기 때문에 그에게 **지식이** 없음을 깨달았다고 한다. 하나님을 아는 것이 참된 지식의 근본이다(1:7; 15:33).

30:4 이 절에 나오는 다섯 가지 질문의 답은 모두 하나님이다. 오직 그분만이 하늘에 올라가고 내려오실 수 있다. 이는 하나님의 아들이신 그리스도를 생각하게 한다. 하나님만이 바람을 장중에 모으실 수(즉 바람을 통제할 수) 있으며, 물을 옷 안에 모으실 수 있고(아마 구름을 언급한 것으로 보임. 참조, 욥 26:8), 땅을 제 위치에 고정하실 수 있다(참조, 욥 38:4, 6; 잠 8:29). 그 이름이 무엇인가 하는 질문은 그분의 속성이 무엇인가 하는 것과 같다. 아들의 이름이 무언가 하는 것은 '하나님이 그 본성과 속성을 그분의 아들이라고 부를 만한 누군가에게 나누어 주었는가?' 하는 질문이다(T. T. Perowne, *The Proverbs*, p. 180). "너는 아느냐"라는 질문은 하나님의 본성을 알고자 하는 아굴의 욕구를 보여 준다.

2. 사람은 하나님의 말씀을 통해 그분을 알 수 있다(30:5~6)

30:5~6 4절은 인간 스스로는 하나님을 알 수 없음을 강조한다. 여기에 하나님을 알 수 있는 방법이 나온다. 순전한(은을 녹인 것같이. 참조, 시 12:6) 그분의 말씀을 통해 알 수 있다. 하나님은 오직 기록된 말씀, 즉 정확무오한 성경을 통해 그분 자신을 계시하셨기 때문에 우리는 하나님을 알 수 있다. 하나님을 의지하는 자들은 그분과 인격적인 관계를 맺은 자들로서 그분에 의해 보호받는다. 잠언 30장 5절은 시편 18편 30절과 거의 일치한다. 그 말씀에 더하지 말라는 것은 하나님의 계시에 인간적인

사상을 더할 때 생기는 위험에 대한 경고로 보인다. 사람은 하나님에 대한 그의 이해(신학)를 인간적인 사상이 아니라 하나님의 말씀에서 끌어내야 한다. 하나님은 그분이 계시하신 것보다 더 많은 것을 알 수 있다고 생각하는 자들을 책망하신다.

3. 하나님께 드리는 기도(30:7~9)

30:7~9 '두 가지 일'이란 말은 이 장에 나오는 숫자가 들어 있는 6개의 잠언(7~9, 15하~16, 18~19, 21~23, 24~28, 29~31) 중 처음 것이다. '두 가지 일'을 구하는 것은 2~3절에 소개된 겸손을 확언하는 것이다. 저자는 자기의 약함을 깨닫고 두 가지 약한 것을 죽기 전에 도와달라고 주께 요청한다. "거짓말을 멀리하게 하시고, 부요함과 가난의 유혹에 빠지지 않도록 일용할 필수품(양식. 참조, 마 6:11)을 주소서"이다. 부요함은 여호와를 부인하고 잊게 만들어(참조, 신 8:12~17) 혼자서 충분히 살아갈 수 있다고 생각하게 할 것이고, 가난은 도적질하게 하여 하나님을 욕되게 할 것이다.

C. 삶에 관한 소견(33:10~33)

1. 조언(30:10)

30:10 이 구절은 다른 사람의 집안 문제에 쓸데없이 간섭하지 말라는

경고이다. 상전은 거짓으로 그의 종에게 죄를 씌우는 사람을 **저주할 것이다**. 26장 2절의 '까닭 없는 저주'와는 달리 여기서 말하는 저주는 그 대상이 저주를 받을 만하므로 '그에게 미칠' 것이다. 이 말씀은 독립적인 격언이거나, 30장 11~14절의 서론으로 생각된다.

2. 바람직하지 못한 네 가지 행동(30:11~14)

이 말씀은 숫자를 언급하는 잠언(17절의 주해를 보라)으로 시작된 것은 아니지만, 네 종류의 사람, 즉 존경할 가치가 없는 사람, 위선적인 사람, 거만한 사람, 억압적인 사람을 언급한다.

30:11 부모를 저주하는 죄(참조, 17절)는 20장 20절(주해를 보라)에 언급되어 있다.

30:12 하나님 앞에서 자신을 (도덕적으로) **깨끗한 자**로 여기면서도 도덕적인 더러움을 **씻지 않는** 자는 위선자다.

30:13 교만(참조, 6:16~17; 21:4; 시 18:27; 101:5; 사 10:12)은 여호와께서 멸시하는 것으로, 겸손하고 공손한 아굴의 태도(잠 30:2~3, 7~9)와 대조된다. 12~13절이 눈으로 연결된다.

30:14 **가난한**(아니[עָנִי]: 괴로운, 비천한) 자와 **궁핍한**(에브욘[אֶבְיוֹן]: 도움이 필요한. 참조, 31:9, 20) 자를 억누르는 사람은 날카로운 이빨로 먹이를 찢는 탐식하는 야수와 같다(참조, 시 14:4).

3. 족할 줄 모르는 것 네 가지(30:15~16)

30:15~16 여기에는 숫자를 들어 나열한 잠언으로, 만족할 줄 모르는 욕망을 다룬다. 피를 빠는 거머리의 딸들의 외침("다고 다고")은 주제를 이끌어 낸다. 거머리는 탐욕적인 태도를 생생하게 묘사하는 것인데, 필요보다 더 많은 것을 가지려고 하는 끈질긴 태도를 보여 주는 것이다. 15, 18, 21, 29절에서도 사용된 바 있는 '서넛'이라는 표현에 관해서는 6장 16절의 주해를 보라. 결코 채워질 수 없는 네 가지 것이 인격화되어 있다. 스올(쉐올[שְׁאוֹל])은 더 많은 사자(死者. 참조, 27:20)를 원하고, 아이 배지 못하는 태는 아이를 낳기를 간절히 원하며, 땅은 물을 원하고, 불은 계속 태우려고 한다. 스올과 불은 파괴적인 것이며, 태와 물은 생명을 주는 것이다. 욕심은 더 큰 욕심을 낳는다.

4. 경고(30:17)

30:17 이 말씀은 부모를 무시하는 것이 15~16절에서 언급된 만족할 줄 모르는 탐욕만큼이나 나쁜 것임을 지적하기 위해 이 자리에 놓인 것이다. 부모를 멸시하는(부즈[בּוּז]: 모욕하거나 비웃는. 1:7의 주해를 보라) 거만한 아이는 죽을 것이며, 그 시체는 내버려져서 새들의 먹이가 될 것이다.

5. 네 가지 기이한 일(30:18~19)

30:18~19 공중을 날아다니는 독수리의 자취, 반석 위로 기어 다니는 뱀의 자취, 바다로 지나다니는 배의 자취, 남자가 여자와 함께한 자취의

공통점은 무엇인가? 어떤 사람들은 이 네 가지 자취가 신비하다는 면에서, 어떤 사람들은 매우 어렵게 보이는 것을 쉽게 숙달한다는 면에서, 어떤 이들은 길이 없는 곳에도 간다는 면에서 공통적이라고 주장한다. '남자가 여자와 함께한 자취'는 남자가 애정으로 여자의 관심을 사는 것을 말한다.

6. 경고(30:20)

30:20 음녀가 19절의 여자와 대조된다. 여기서는 여자와 함께한 남자의 자취가 아니라 남자들과 함께한 부정한 여자의 자취이다(참조, 2:16~19; 5:1~14; 7장; 22:14; 23:27~28). 그런 여자는 아무런 생각 없이 죄의 길로 들어서서 남자들을 고기 먹듯이 쉽게 다루고서는 간음이 뭐 나쁜 것이냐고 주장한다(참조, 28:24).

7. 견딜 수 없고 부당한 네 가지 일(30:21~23)

21~31절에는 지도력을 가지고 있거나 그 반대인 사람들과 생물들에 관한 세 가지 목록이 나온다. '임금'이 각 목록에 모두 들어 있다(22, 27, 31절).

30:21~23 '세상을 진동시키며 견딜 수 없게 한다'는 진술은 과장법이다. 세상은 그 위에 사는 사람들을 환유법으로 표현한 것이다. 사회적 혼란으로 인해 경험도 없고 자질도 없는 사람들이 권좌에 앉거나 성공적인 위치에 갑자기 서기 때문에 사람들은 떤다. (1) 종이 임금이 되는 것(종은

준비가 되어 있지 않다), (2) **미련한**(나발[נָבָל]: 영적 인지력이 없는. 참조, 17:17, 21) 자가 배부른 것(이런 자는 남이 필요로 하는 것에 마음을 쓰지 않을 것이다), (3) **꺼림을 받는**(문자적으로 '미움 받는') 여자가 시집간 것(그 여자는 서러운 결혼생활을 하게 될 것이다), (4) 여종이 주모가 된 것이 그런 경우다(왜냐하면 30장 22절의 종과 같이 다른 사람을 어떻게 지도해야 할지 모르기 때문이다). 조화로운 사회가 되려면 자신들에게 적합한 역할을 맡고 감당할 수 없는 자리를 맡지 않아야 한다.

8. 작으면서도 지혜로운 네 가지 생물(30:24~28)

이 절들은 지혜로 물리적 힘을 능가하는 21장 22절, 24장 5절의 사상을 근거로 한다.

30:24~26 작지만 지혜로운 생물 중의 하나는 개미다. 개미는 힘이 없지만 준비성으로 살아남는다(6:6~8의 주해를 보라). **사반**(또는 바위오소리)은 거의 토끼만하다. 그들은 자신의 몸을 보호하기에는 힘이 약하므로 자연적 보호처인 바위 사이(참조, 시 104:18)에 산다.

30:27~28 메뚜기 떼에는 지도자(일꾼)가 없지만, 놀랍게도 질서 있게 날아다니며 다가오는 군대같이 수 킬로미터의 곡식밭을 황폐시킨다. **도마뱀**은 너무 작아서 손에도 쉽게 잡히나, **왕궁**도 마음대로 다닐 수 있다. 이들로부터 다음과 같은 두 가지 사상이 나온다. (1) 육체적 제한성은 다른 것으로 보상될 수 있다. (2) 하나님의 피조물 중 가장 보잘것없고 비천한 것조차 그분이 보호하시며 섭리하시니, 하나님이 그분의 백성을 어찌

돌보시지 않겠는가?

9. 당당한 네 가지 피조물(30:29~31)

30:29~31 25~28절의 네 가지 비천한 피조물과 대조적으로, 태도와 걸음걸이에 있어서 고귀한 것들이 나온다. 그것들은 그 힘 때문에 사람들과 다른 짐승들이 보고 피하는 **사자**, **사냥개**(문자적으로 '허리에 줄을 맨 것'), 거만한 풍모를 가진 **숫염소**와 무적의 군대를 보유함으로 당당하게 활보하는 **왕**이다. 하나님은 어떤 피조물들은 작고 보잘것없는 위치에, 어떤 것들은 보다 탁월한 자리에 두셨다.

10. 조언(30:32~33)

30:32~33 긍지를 가지고 활보하는 피조물(29~31절)과 대조적으로 미련하게(나발[נָבָל]: 영적으로 무감각하며 무지한; 참조, 22절; 17:7, 21의 명사 나발[נָבָל]) 행하는 사람이 나온다. 그는 자신을 높이고 악을 꾀하기 때문에(참조, 6:14) 환난을 당한다. '손으로 입을 막으라'는 것(참조, 욥 21:5; 40:4)은 교만을 중지하여 환난을 면하라는 말이다. 우유를 저으면 버터가 되고, 코를 비틀면 피가 나오는 것만큼이나 확실히, 흥분하고 분노를 격동하면 다툼이 일어난다. '젓다', '비틀다', '격동하다'는 같은 히브리어인 미츠(מִיץ)의 번역으로 '짜다, 비틀다'라는 뜻인데, 구약성경에서는 이곳에만 나온다. 흥미롭게도 '코'는 히브리어로 아프(אַף)이며 '분노'는 아파임(אַפַּיִם)이다. 교만과 분노는 잠언 30장에서 권장된 겸손에 거스르는 것이다.

Ⅷ. 르므엘을 위한 잠언(31:1~9)

31장은 르무엘 왕의 어머니가 방탕한 여자(참조, 3절; 23:26~28)와 술(31:4~7; 23:29~35)의 위험성에 대해 말하고, 정의를 수호하기 위해 책임을 다할 것을 상기시킨 것이다.

31:1 르무엘이 왕이라는 사실 외에 다른 것들은 알 수 없다. 2~9절의 훈계는 그의 어머니가 그에게 한 것이다. 이런 경우는 평범하지 않은 것이다. 어머니의 교훈에 대해 아버지가 언급한 잠언의 예도 있지만(참조, 1:8; 6:20), 잠언서 어디에서나 아버지가 그 아들(들)에게 말하는 것이 보통이다. 잠언에 대해서는 30장 1절과 스가랴 9장 1절의 주해를 보라.

31:2~3 르무엘의 어머니가 그 아들에게 말할 때 사용한 '아들'은 아람어 바르이다. 3절의 '왕들'도 아람어다. 그녀의 서원은 한나가 잉태 전에(삼상 1:11) 했던 것과 같은, 또는 그 후에 한 서원이었을 것이다. 어찌되었든 간에 그녀는 아들이 그녀에게 특별한 존재임을 그 아들이 알기를 원했다. 그녀는 그에게 간음이란 심신을 좀먹는 것이라고 경고했다(참조, 잠 2:16~19; 5:1~4; 7장; 22:14의 간음에 대한 솔로몬의 경고와 23:27~28의 지혜자들의 경고).

31:4~5 4~7절에서 르무엘의 어머니는 알코올 중독의 위험성에 대해 경고했다. 그녀의 충고는 20장 1절, 23장 20~21, 29~35절의 되풀이다. 술 취함은 왕에게 특별히 위험한 것으로, 기억과 판단이 흐려져 곤고한 자들(참조, 31:9)에게 불의를 행하게 만든다(18:5).

31:6~7 독주(참조, 20:1의 주해)와 포도주(31장 4절에는 순서가 바뀌어 있음)는 극심한 육체적 고통이나 깊은 정서적 고뇌(그리고 죽어가는 자의 통증)를 더는 마취제나 약으로 쓰일 수 있다. 그렇지 않다면 6~7절은 남들은 술을 도피를 위해 사용해도 왕은 그래서는 안 된다는 것을 말하고 있는 것이다.

31:8~9 이 짧은 설교에서 공의에 대해 두 번째 말함으로써(참조, 5절) 그 중요성을 재삼 확인한다. 스스로를 방어할 수 없는 자들을 방어해 주고, 위협적인 모습은 전혀 없고, 자신을 위해 일하지 않는 왕은 외롭고 자비로운 사람으로 기억될 것이다. 그는 사람의 사회적 위치에 관계없이 공의로 재판할 것이다. '고독한 자'의 히브리어(구약성경에서 이곳에서만 쓰임)는 죽어 가는 사람을 뜻한다. 그들은 '기진맥진해' 있다. 곤고한(아니 [עָנִי]: 괴롭고 비천한) 자와 궁핍한(에브욘[אֶבְיוֹן]: 도움을 필요로 하는. 참조, 30:14; 31:20) 자는 쉽게 억압을 받으므로 왕이 보호해 주어야 한다.

Ⅷ. 현숙한 아내(31:10~31)

잠언서의 이 마지막 단락은 현숙한 여인을 높이는 아크로스틱(acrostic) 형식의 시다. 22절의 각 절이 히브리 알파벳 순서의 자음으로 시작된다. 이 시의 저자는 르무엘, 르무엘의 어머니, 솔로몬, 혹은 무명의 저자일 것이다. 그러나 마지막 견해일 가능성이 크다.

31:10 현숙한(하일[חיל]) 여인은 12장 4절에도 언급되어 있다(참조, 31:29의 '덕행 있는 여자'). 룻은 '현숙한 여인'이라 불렸다(룻 3:11). 현숙한 성품을 뜻하는 단어가 출애굽기 18장 21절에서는 '능력이 있는'으로 번역되었다. "누가 찾아 얻겠느냐"(참조, 잠 20:6)라는 질문은 그런 여인을 찾을 수 없다는 뜻이 아니라, 그들이 고상한 남자들과 마찬가지로 드물기 때문에 칭송되어야 함을 뜻하는 것이다. 그들은 **진주보다 더 귀하다**(참조, 8:11의 지혜에 관한 유사한 언급).

31:11 현숙한 아내의 **남편**이 3번 언급되는데(11, 23, 28절), 12절에서는 '그'로 표현되어 등장한다. 그는 아내를 완전히 믿는다. 그녀는 살림을 잘해서 집안을 윤택케 한다. 그에게는 가정에 필요한 것이 **핍절하지 않는다**.

31:12 이런 여자는 그 남편에게 부담이 되지 않고 자산이 된다. 그녀 덕분에 선한 것이 그에게 온다. 그녀는 남편을 도와주며 용기를 준다. 또한 그녀는 평생 신실하게 남편을 도와준다.

31:13 그녀는 13, 19, 22, 24절에 나오는 대로, 짜고 깁는 일을 한다. 그

녀는 **양털**과 **삼**과 삼으로 만든 베(22, 24절)를 사용한다. '부지런히 손으로'는 문자적으로 '손의 즐거움으로'를 뜻하며, 일을 즐긴다는 것을 보여 준다.

31:14 현숙한 아내는 또한 물건을 잘 구입한다. 그녀는 다른 지역에서 귀하고 매혹적인 상품을 가져오는 **상고**(商賈)의 배와 같다. 그녀는 흥미롭고 귀한 물품들을 구입하여 집에 가져온다.

31:15 그녀는 가사를 돌볼 뿐 아니라 날이 새기 전에 일찍 일어나서 아침 식사를 준비하고 종들에게 **일을 정하여** 맡긴다.

31:16 아내가 **밭을 살펴보고 샀다**는 표현 때문에 이 시의 타당성에 의문을 품는 사람도 있다. 그 당시에는 여자가 밭을 살 수 없었기 때문이다. 그러나 이 부유한 집안에는 분명히 그녀가 투자할 수 있는 돈이 있었다. 여러 가지 투자(참조, 18절의 '장사'와 24절의 '팔며')로 얻은 이익을 가지고 그녀는 **포도원**을 조성한다. 그녀는 사업 수완을 가졌으며, 또 열심히 일한다.

31:17 그녀는 정열적으로(문자적으로 '힘으로 허리를 묶으며'), 또한 박력 있게 일한다(참조, 13절의 '일하며'). 그녀는 일에 대해 건전한 태도를 지니고 있다.

31:18 그녀의 지혜로운 사업 수완이 다시 언급된다(참조, 16절의 '번 것'과 24절의 '팔며'). 밤에 등불을 **끄지** 아니한다는 사실에서 그녀가 줄곧 계

획을 짜고 있음을 알 수 있다. 등불이 꺼지지 않도록 미리 예비한 다섯 처녀가 칭찬을 받았다(마 25:4). 등불이 꺼진다는 것은 재난에 대한 묘사다(욥 18:6; 잠 13:9; 20:20; 24:20).

31:19 13, 19, 22, 24절은 짜고 깁는 일에 관한 말씀이다. 그녀는 양털이나 삼(13절)을 물레로 자아 베를 만든다.

31:20 현숙한 아내는 또한 이기적이지 않고 관대하다. 그녀는 이익을 위해 물건들을 팔지만, **곤고한 자**와 **궁핍한 자**(30장 14절의 이 단어에 대한 주해를 보라. 참조, 31:9; 11:25; 21:26을 주목하라)에게 나누어 준다. 아마 이 구절은 아무것도 없는 가난한 자들에게 그녀가 만든 베(19절)를 준다는 말일 것이다.

31:21 날씨가 추워져도 이 여자는 그 집 사람을 위해 염려하지 않는다(참조, 25하반절). 준비를 해 놓았기 때문이다. 그녀는 그들에게 **홍색 옷**을 입힌다. 즉 값비싼 겉옷들을 마련해 준 것이다. 그녀는 가족을 따뜻하게 입히는 데 인색하지 않다.

31:22 그녀는 가족의 이불을 만들며, **세마포**와 **자색** 옷을 입는다. 세마포는 삼(13절)으로 만드는 것이며, 자색은 조개에서 추출한 염료다. 그녀가 입은 옷은 그 가족이 부유하다는 증거다.

31:23 현숙한 여인은 **장로들과 함께 성문에서**(참조, 31절) 법적인 사건들을 다루는 자들 가운데서 그 남편의 위치를 높인다. 그녀는 분명히 공격

적이고 경쟁적이지만, 남편의 지도력을 훼손하는 것이 아니라 높이는 역할을 감당한다. 그녀는 남편을 존경하며 출세시킨다.

31:24 다시 그녀의 옷 사업이 언급된다. 그녀는 자신을 위해 베옷을 만들기도 하지만(22절) 상품을 만들기도 하는 매우 훌륭한 재봉사다. 베옷은 값이 비쌌다. 띠를 만들어 상인들에게 맡긴다는 것은 그녀의 생산력에 대한 언급이다.

31:25 여기서의 옷은 그녀의 자태가 **능력과 존귀**로 가득하다는 것을 비유적으로 표현한 것이다. 그녀에게는 수치스럽고 약한 면이 없다. 또한 그녀는 **후일을 웃는다**. 즉 자신 있게 미래를 맞는다(참조, 21절). 27장 1절에서 비록 '내일 일을' 자랑하지 말라고 했으나, 그날에 대한 준비를 하지 말란 뜻은 아니다(참조, 6:6~8; 30:25의 '개미').

31:26 이 여자는 **지혜와 인애의 법**으로 칭송받는다. 이는 잠언서 전체의 주제와 일치한다. 법은 아마 자식들과 여종들에 대한 가르침을 말할 것이다.

31:27 그녀는 관리하는 일을 한다(**집안일을 보살핀다**). 그러나 동시에 주부로서 다양한 활동을 한다. 그녀는 게으르지 않다(참조, 13, 17절).

31:28~29 그 자식들은 그녀에게 감사한다. 그녀는 능동적이고 낙관적이며, 생활에서 그 역할을 즐긴다. 그녀의 남편도 다른 사람들에게 가장 뛰어난 여자라고 말하며 그녀를 자랑한다(참조, 10절).

31:30 그녀가 이렇게 완벽할 수 있는 비결은 신앙심이다. 그녀의 육체는 매력적이고 아름답지만 그런 요소들은 지속될 수 없는 것이다. 그러나 여호와를 경외하는 여자로서 그 여자는 남편과(28절) 남들에게(31절) **칭찬받는다**. 잠언서 중 거의 끝인 이곳에서 잠언서를 시작할 때와 같이 여호와를 경외하는 것을 언급하는 것으로 적절히 결론을 내린다(참조, 1:7).

31:31 저자는 그의 독자들로 그러한 여자의 성실성과 부드러움을 기억하고 보상하게 한다. 그 남편과 함께(23절) 그 여자도 공공연히 존경받는다. 성문에서 여자가 칭찬받는 것은 이스라엘에서 흔한 일이 아니다. 그러나 비범한 여자는 비범한 인정을 받았다.

현숙한 아내의 덕목들은 잠언서 전체를 통해 찬양된다. 이러한 덕목들은 근면, 지혜로운 투자, 시간 선용, 계획성, 남들을 돌아봄, 남편 존경, 경건한 교제, 지혜로운 상담과 경외(예배, 신앙, 봉사, 순종)이다. 잠언서에서 반복해서 설명된 대로, 이런 것들은 명예, 칭송, 성공, 고귀한 인격과 삶의 즐거움을 가져다준다. 잠언서에 음녀의 유혹이 자주 언급되었음에도 불구하고 덕스러운 아내를 칭송함으로 끝맺는 것은 적절한 것이다. 젊은이들뿐 아니라 모두가 이 현숙한 여자에게서 배울 수 있다. 하나님을 경외함으로써 지혜롭고 올바른 삶을 살아갈 수 있는 것이다. 이것이 잠언서의 메시지이다.

참고문헌

- Alden, Robert L. *Proverbs: A Commentary on an Ancient Book of Timeless Advice*. Grand Rapids: Baker Book House, 1983.
- Bullock, C. Hassell. *An Introduction to the Poetic Books of the Old Testament*. Chicago: Moody Press, 1979.
- Cohen, A. *Proverbs*. London: Soncino Press, 1946.
- Delitzsch, Franz. "Proverbs." In *Commentary on the Old Testament in Ten Volumes*. Vol 6. (25 vols. in 10). Grand Rapids: Wm. B. Eerdmans Publishing Co., 1982.
- Draper, James T., Jr. *Proverbs: The Secret of Beautiful Living*. Wheaton, Ill.: Tyndale House Publishers, 1971.
- Eims, LeRoy. *Wisdom from Above for Living Here Below*. Wheaton, Ill.: SP Publications, Victor Books, 1978.
- Harris, R. Laird. "Proverbs." In *The Wycliffe Bible Commentary*. Chicago: Moody Press, 1962.

- Jensen, Irving L. *Proverbs*. Everyman's Bible Commentary. Chicago: Moody Press, 1982.
- Jones, W. A. Rees, and Walls, Andrew F. "The Proverbs." In *The New Bible Commentary*. London: InterVarsity Press, 1953.
- Kidner, Derek. *The Proverbs: An Introduction and Commentary*. The Tyndale Old Testament Commentaries. Downers Grove, Ill.: InterVarsity Press, 1964.
- Lawson, George. *Exposition of Proverbs*. Reprint. Grand Rapids: Kregel Publications, 1980.
- McKane, William. *Proverbs*. Philadelphia: Westminster Press, 1970.
- Mouser, William E., Jr. *Walking in Wisdom*. Downers Grove, Ill.: InterVarsity Press, 1983.
- Murphy, Roland E. *Wisdom Literature: Job, Proverbs, Ruth, Canticles, Ecclesiastes, Esther*. The Forms of the Old Testament Literature. Vol. 13. Grand Rapids: Wm. B. Eerdmans Publishing Co., 1981.
- Oesterly, W.O.E. *The Book of Proverbs*. New York: E.P. Dutton & Co., 1929.
- Perowne, T. T. *The Proverbs*. Cambridge: Cambridge University Press, 1916.
- Toy, Cawford H. *A Critical and Exegetical Commentary on The Book of Proverbs*. The International Critical Commentary. Edinburgh: T. & T. Clark, 1899. Reprint. Greenwood, S.C.: Attic Press, 1977.